東京の路線バスのすべて

首都圏の路線バス情報を完全網羅

2012(平成24)年にグランドオープンした「東京スカイツリー®」は東京の新名所。

直下の浅草通りを都バスが行き交う

路線バス東京八景

東京の路線バスのすべて

首都圏の路線バス情報を完全網羅

羽田空港国内線第２ターミナルを行く羽田京急バス。京急の路線バスは1950（昭和25）年から羽田空港に乗り入れている

柴又帝釈天の参道を横切る京成バス。葛飾・江戸川区内の鉄道は東西方向に走り、南北の移動は路線バスが受け持っている

JR青梅線奥多摩駅前で発車を待つ西東京バス。多摩川上流をさかのぼる同社の路線は、都県境を越えて山梨県に乗り入れている

太平洋を見下ろしながら中之郷温泉前を行く八丈町営バス。
バスと温泉がセットになったフリー切符も販売されている

町田バスセンター発着路線で活躍する神奈川中央交通の連節バス。都内初の連節バスとして、2012(平成24)年に運行開始された

東久留米市の滝山団地を走る西武バス。東京の郊外には1960年代から大規模団地が建設され、路線バスは半世紀にわたって通勤通学輸送を担ってきた

都内各社で活躍する新型車両

都バス〈都05〉系統で2台が活躍するトヨタ製の燃料電池バス。水素と酸素の化学反応により発電し、モーターによって走行する

国際興業が採用したいすゞ製の大型ノンステップバス「エルガ」。国際興業は新型「エルガ」を市販開始とともに購入し、増備を続けている

西東京バスの武蔵五日市駅～つるつる温泉間では日野製のトレーラーバスが活躍。機関車と客車をモチーフにしたユニークなスタイルだ

立川バスが採用した三菱ふそう製の大型ノンステップバス「エアロスター」。立川バスは三菱製ノンステップバスを発売当初から導入している

東急バスが採用したいすゞ製の中型ノンステップバス「エルガミオ」。都内に狭隘路線を抱える東急バスでは、多くの中型車が活躍している

京成バスが受託運行する墨田区コミュニティバスの日野製小型ノンステップバス「ポンチョ」。スカイツリーのふもとを走るため、天窓つきの特別仕様である

1960年代の新京成電鉄鎌ケ谷営業所で休む路線バス。新京成バスのデザインは何度も変更され、いまは分社子会社のオリジナルカラーに

一都三県
なつかしの路線バス

1997（平成9）年に国際興業が中古購入したボンネットバス「さわらび号」。飯能駅と名栗村の間で5年間にわたり運行されていた

1980年代に千葉県八千代市で活躍した東洋バスの路線バス。当時は沿線に新興住宅地の造成が相次ぎ、通勤通学客が急増した

1980年代の小田原市内を走る箱根登山鉄道の路線バス。箱根登山鉄道のバス事業は、グループの箱根登山バスが引き継いでいる
（写真提供:鈴木文彦）

1980年代の伊豆大島で運行されていた東海汽船の路線バス。伊豆大島の路線バスは現在、大島旅客自動車が営業している

1960年代の武蔵境駅前に並んだ関東バスと小田急バス。
関東バスは1964(昭和39)年に国内初の3扉ワンマンカーを採用した

リバイバルカラーあれこれ

京王電鉄バスグループでは2013(平成25)年、電車・バス100周年を記念して歴代4種類の一般路線・高速バスカラーを復刻。2015(平成27)年にも増備している
上:1970年代以前の路線バスカラー
下:現行カラー登場前の1980年代の路線バスカラー

東急バスは2011(平成23)年、創立20周年を記念して歴代5種類の一般路線・高速・貸切バスカラーを復刻。現在も各営業所の路線で活躍している
左:裾にブルーが入っていた1950～60年代の路線バスカラー
右:地方のグループ会社にも普及した1980年代以前の貸切バスカラー

東京都交通局は2014(平成26)年、都バス90周年を記念して歴代5種類の路線バスカラーを復刻。現在も渋谷・巣鴨営業所管内で運行されている
左:ボンネットバスが中心だった1950年代のデザイン
右:ワンマン化が進められた1970年代のデザイン

東京の路線バスのすべて

首都圏の路線バス情報を完全網羅

加藤佳一

マイナビ

はじめに

東京に路線バスが走り始めてから、およそ100年の歳月が流れた。今年54歳になる筆者は、その歴史の半分をともにしたことになる。バスの出版物に関する仕事を始めてからの30年は、身近な東京のバスをつぶさに観察してきた。加えて約20年前からバス事業者ごとのハンドブック制作に携わり、交通ジャーナリスト 鈴木文彦氏の綴る歴史編の校正を通して各事業者のあゆみを学び、撮影取材を通して各事業者の雰囲気を体感してきた。

各事業者は同業でありながら、驚くほど雰囲気が異なる。目に見える路線バスのカラーはもちろん、車両の仕様、停留所設備の形状、車両・乗務員の運用、乗客への情報提供の仕方など、どれをとっても個性的だ。こうした各事業者の雰囲気・個性は、それぞれがテリトリーとする地域の土地柄、そしてその地域に根ざして成長してきた各事業者の歴史によって創られたものだ。さらに隣接する事業者同士も、常に影響を与え合っている。

そこで、東京の路線バス全体の歴史を振り返るとともに、各事業者の成長過程と現況をまとめることにより、創業から100年経った現在の姿を記録してみることにした。

第1章では、東京都を中心にした路線バス100年のあゆみを相対的にまとめた。第2章では、隣接する神奈川県、千葉県、埼玉県を加え、各都県のバス協会に加盟する路線バス運行事業者をカタログ的に掲載した。エリアを一都三県に広げたのは、都内大手バス事業者の多くが隣接県にまたがって路線展開しており、それらと各県の中小事業者のバス路線も無関係ではないからである。最後の第3章では、都内10事業者の路線に乗車し、車窓や沿線の様子、利用者の状況などを紹介している。路線選定にあたっては第1章・第2章とのかかわり、地域的なバランス、そして沿線に街歩き的視点での見どころがあることなどを考慮した。

本書を通して、東京の発展に路線バスが果たした功績を知っていただくとともに、身近な路線バスを改めて見直すきっかけになれば、筆者としてこのうえない喜びである。

最後に、本書の出版にあたって詳細な資料や貴重な写真をご提供くださった掲載各事業者の広報担当の皆様、そして編集にご尽力いただいたマイナビ出版の国領雄二郎氏に、この場を借りて心から御礼を申し上げたい。

2017年4月

加藤佳一

※本書に掲載した各事業者のデータは2017年4月のものです。
※本書に掲載した写真は特記事項を除き、各事業者提供および筆者撮影によるものです。

目次

第2章　首都圏路線バス事業者オールガイド……59

※西武高原バスは2017年4月1日に西武観光バスと合併しました。

第3章　東京の路線バスに乗る……213

第1章

東京の路線バス100年のあゆみ

大正時代の末に東京の各地で産声を上げた小さなバス事業者は、戦時統合によりいくつかの大規模事業者に集約され、高度経済成長ともに路線を拡大。交通手段が多様化するなかで、サービス向上に努めてきた。

1910〜1930年代

◆小規模事業者の創業と市バスの営業開始

1903（明治36）年9月20日、京都の二井商会は京都堀川中立売を起点として、七条駅と祇園を結ぶ乗合自動車の運行を開始した。わずか6人乗りのロコモービルだったが、日本初の路線バスであり、日本バス協会ではこの9月20日を「バスの日」と定めている。

それから10年後の1913（大正2）年、京王電気軌道が笹塚〜調布間の軌道を開業。未開業区間の新宿〜笹塚間と調布〜府中〜国分寺間にバスを走らせ、連絡輸送を行った。このバスはわずか数年で軌道の延長とともに廃止されるが、東京初の路線バスと言える。

1916（大正5）年には角喜タクシーが八王子〜高尾山下間で路線バスの営業を開始。まもなく高尾自動車と改称する。のちに五王自動車と改称する。1920（大正9）年には石川自動車が五日市〜八王子間に路線バスを開業。高尾自動車と五王自動車は、いずれも現在の西東京バスの前身。今日まで続く都内最古参のバス事業者と言ってよかろう。

いまの都区内にあたるエリアでは、1918（大正7）年に東京市街自動車が創業。翌1919（大正8）年に新橋〜浅草間の路線バスを運行開始した。市電を営業していた東京市電気局は1923（大正12）年、関東大震災で被災した市電の応急的な代替輸送手段として市バスの運行を計画。翌1924（大正13）年、巣鴨〜東京駅間、中渋谷〜東京駅間を皮切りに営業を開始した。市バスが市民に定着したため、東京市電気局は市電復旧後も市バスの継続を決定。市電路線と競合しない9路線で改めて営業を行った。このころ、東京の各地に小規模事業者が誕生し、数台のバスで1〜2路線の営業を開始している。

1925（大正14）年には東京遊覧自動車が上野を起点として、日比谷公園や明治神宮などを遊覧する「ユーランバス」の運行を開始。はとバスの起源である。このバスは東京市街自動車が継承。同社は東京乗合自動車と改称したのち、東京地下鉄道に統合された。

◆鉄道事業者の相次ぐ路線バス開業

昭和に入ると、現在の都内大手バス事業者のルーツとなる路線が次々に開業する。

京成電気鉄道は1930（昭和5）年、自社の鉄道と並行するバス路線を営業する千葉県内の3社を買収。子会社の京成乗合自動車を設立し、これらの運行を開始した。同社はのちに浅

1930（昭和5）年の鎌倉大仏前に停車する鶴屋商会（神奈川中央交通の前身のひとつ）の路線バス

草～立石・関屋間の隅田乗合自動車、四ツ木～亀有間の中島自動車を買収。１９３４（昭和９）年には京成電気軌道が京成乗合自動車を統合し、バス事業を直営した。川越を中心にバス路線を展開していた東武鉄道も鉄道並行路線を買収。１９３４年に川越～成増線、１９３５（昭和10）年に草加～千住線を開業して東京に乗り入れた。

京王電気軌道と玉川電気鉄道は１９３５年、共同出資で東都乗合自動車を設立。板橋乗合自動車、中山道乗合、鳩ヶ谷乗合を買収し、東京の城北・城西地域に路線を広げた。西武鉄道の前身にあたる３社も沿線バス事業者を買収。１９３４年には旧・西武鉄道が本橋トクの田無町～武蔵境間など、１９３５年には武蔵野鉄道が八木岡峰吉の小作《おざく》～油平間など、多摩湖鉄道が栗原枡治の豊岡町（現・入間市）～拝島間などを譲受し、バス路線を延ばしている。

関東バスの前身にあたる関東乗合自動車は１９３１（昭和６）年に創業。翌１９３２（昭和

1937(昭和12) 年の京成電気軌道金町営業所で発車を待つ路線バス

７）年に小滝橋～新宿東口間を開業した。小田急バスの前身にあたる武蔵野乗合自動車は１９３２年、吉祥寺～野崎～調布間の安全自動車を買収して創業。武蔵境～三鷹天文台～調布間の営業も開始した。京王電気軌道は１９３７（昭和12）年、新宿三丁目～代々幡間ほか沿線広域にバス路線を広げる甲州街道乗合自動車を買収。さらに八王子～高尾山下間（前述の高尾自動車と競合）の八王子市街自動車、高幡不動～立川間の高幡乗合自動車、八王子～相原間の由木乗合自動車などを合併した。帝都電鉄は１９３５年、東横乗合から大宮八幡公園～小金井間、井の頭公園～牟礼間を買収してバス事業を開始している。

東京急行電鉄の前身のひとつである池上電気鉄道は、１９２７（昭和２）年に五反田～馬込間のバスを運行開始。のちに品川～丸子多摩川間に延長した。玉川電気鉄道は１９２７年、道玄坂～新町間のバス路線を開業。のちに宮益坂下～大道南（現・桜新町）・駒沢・玉川間に延長した。目黒蒲田電鉄は１９２９（昭和４）年、大井町～東洗足間のバスを運行開始。のちに馬込、池上、久が原、下丸子、田園調布、等々力《とどろき》、上野毛などへ路線を拡張した。東京横浜電鉄は１９２９年、神奈川自動車を買収してバス事業を開始した。

京浜電気鉄道は１９２９年、高輪～六郷橋間の旧東海道にバス路線を開業。のちに梅森自動車と蒲田乗合自動車を傘下に納め、両社は合併して梅森蒲田自動車となっている。

青梅電気鉄道は１９３０年、奥多摩自動車を買収してバス事業を開始。のちに拝島大師、箱根ヶ崎、国分寺、小河内《おごうち》村などへ路線を拡大している。立川バスの前身にあたる立川自動車運輪は1929年に創業。立川～村山～箱根ヶ崎間、立川～宮沢～拝島大師間の運行を開始していった。神奈川中央交通の都内路線のルーツにあたるのは原町田乗合自動車で、1934年に原町田～鶴川間、小野路～淵野辺間のバス路線を開業させている。

伊豆大島には1931年、伊豆半島南部に路線を広げていた下田自動車が島内に営業所を開設。路線バスの運行を開始した。同社は伊豆半島北部をエリアとする東海自動車に合併されたのち、伊豆大島の路線を大島自動車商会に譲渡している。

◆米英製が中心だった黎明期の路線バス車両

黎明期の路線バス車両はすべて輸入車で、アメリカ製のフォード、シボレー、イギリス製のガーフォード、ウーズレーなどが活躍。乗車定員10～30人程度の小さな車両だった。1930年代に入ると商工省が国産自動車の振興に乗りだし、スミダ（のちのいすゞ車）、ちよだ（のちの日野車）などが登場している。

1930年代の箱根・十国自動車専用道路に勢揃いした駿豆鉄道（伊豆箱根バスの前身のひとつ）の路線バス

1940年代

◆戦時統合による各事業者の路線エリアの確立

1937（昭和12）年の盧溝橋事件をきっかけに、日本は中国との全面戦争に突入していく。1938（昭和13）年には燃料統制が行われ、路線バスは次々と木炭などの代燃車に改造されていった。また同年、政府は陸上交通事業調整法を施行。これは鉄道・バス事業者の国家政策的な整理統合を促進するための法律である。内閣総理大臣を会長とする「交通事業調整委員会」が組織され、まずは都心から1時間圏内となる30〜40km圏（東京府の大半、神奈川県の東部、埼玉県の南部、千葉県の西部）が調整区域に指定された。

統合の範囲や統合後の経営形態について議論を重ねたすえ、①旧市内（山手線の品川、新宿、池袋、赤羽以東および荒川放水路以西の地域）は路面と地下に分け、路面交通事業は東京市に、地下鉄事業は特殊機関を新設して統合する。②旧

戦時体制の下で東京市電気局（現・東京都交通局）が運行した木炭バス

市内以外の地域は4つのブロックに分けて、各地域相互の連絡設備の改善、直通運転、連絡運輸の拡充、規格の統一などを行わせる。③国鉄は調整対象から除外し、他の交通事業と緊密な連絡協調を図る。という調整案がまとまり、1940年代には各事業者のエリア内の統合が開始された。

東京市電気局は東京地下鉄道、大東京遊覧自動車、東京環状乗合自動車、城東乗合自動車、王子電気軌道の全路線、および葛飾乗合自動車、京王電気軌道、東京横浜電鉄の一部路線を統合。営業キロは計284・8kmとなった。1943(昭和18)年には東京都制の施行により、前年に電気供給事業が分離されたため、東京市電気局は東京都交通局となった。

国鉄常磐線以南の東京東南ブロックでは、京成電気鉄道が統合主体となり、葛飾乗合自動車の路線の大半を継承。代わりに荒川放水路以西の路線を東京都に譲渡した。千葉県下でも千葉市を中心とする第1地区の統合主体となり、買収を進めた結果、営業キロはおよそ490kmとなった。1945(昭和20)年には社名を京成電鉄と改めている。

国鉄東北・高崎線、荒川放水路、国鉄常磐線を結ぶラインの北側、東京北東ブロックでは、東武鉄道が統合主体となった。東武鉄道はバス事業を子会社の東武自動車に一元化し、同社が埼玉自動車、英《はなぶさ》自動車などを買収した。埼玉県の北部、群馬県の奥利根・東毛地方、栃木県の日光地区、茨城県の水戸地方と常総地方の一部も統合した東武自動車は、およそ3000kmの営業キロまで規模を拡大した。終戦後の1947(昭和22)年には東武鉄道が東武自動車を合併。東武鉄道は再び直営で路線バスの運行を行うこととなった。

国鉄東北・高崎線と中央線に挟まれた東京北西ブロックでは、武蔵野鉄道が多摩湖鉄道、旧・西武鉄道、食糧増産を合併して西武農業鉄道が成立。各社のバス事業は鉄道と切り離し、東浦自動車を主体に統合することとなった。東浦自動車は浦和を拠点として、1932（昭和7）年に設立されたバス事業者。のちに多摩湖鉄道の傘下に入っていた。東浦自動車は武蔵野自動車と改称し、武蔵野鉄道、多摩湖鉄道、旧・西武鉄道のバス部門を譲受。バスを分離した西武農業鉄道は新・西武鉄道として、武蔵野自動車は1947年に西武自動車として新たなスタートを切った。営業キロは645㎞だった。

国鉄中央線以南の東京西南ブロックでは、東京横浜電鉄が統合主体となった。東京横浜電鉄は旧市内の目黒～品川間、恵比寿～田町間などを東京都に譲渡。代わりに、帝都電鉄を合併した小田急電鉄、京浜電気鉄道を統合し、社名を東京急行電鉄と改めた。さらに京王電気軌道と合併し、いわゆる〝大東急〟が誕生。各社のバス路線を引き継いだほか、東都乗合自動車、関東乗合自動車、および後述する東海道乗合自動車などを傘下に収めた。

町田地区は東京ではなく神奈川県相模ブロックに編入。横浜を拠点とする東海道乗合自動車が統合主体となった。東海道乗合自動車は、原町田乗合自動車を合併した関東乗合自動車から、町田営業所の路線を引き継いだ。さらに同社は神奈川県中央部のバス路線の大半を一元化し、1944（昭和19）年に社名を神奈川中央乗合自動車と改めた。

青梅電気鉄道の鉄道事業は国に買収され、国鉄青梅線となった。バス事業は1945年、奥多摩の観光開発を手がける子会社・奥多摩振興に譲渡した。武蔵野乗合自動車と立川自動車運輸は軍の関連施設を路線エリア内に持っていたためか、独立を保ったまま終戦を迎えている。なお、立川自動車運輸は1947年、社名を立川バスに変更している。

◆戦後の復興輸送に貢献した進駐軍払い下げ車両

度重なる空襲によって焦土と化した東京。バス事業者の営業所や車両も大きな被害を受けた。終戦直後、東京の人口は戦地からの復員、疎開先からの帰京などによって急増。しかし疲弊したバス事業者は、その需要に応えることができなかった。そこで各事業者は進駐軍から、軍用トラックのGMCや水陸両用車のアンヒビアンなどの払い下げを受け、ボディを架装してバスに改造した。またトラックのキャブトラクターに客室のトレーラーをつないだトレーラーバスも登場。およそ100人の

終戦直後の熊谷駅前を走る東武鉄道の進駐軍払い下げトラック改造バス

定員を生かして復興輸送に貢献した。

路線の復旧が進められるなかで、〝大東急〟は東京急行電鉄、京浜急行電鉄、小田急電鉄、京王帝都電鉄に再分割されて営業を開始。バス事業ももとの鉄道会社に戻された。

東都乗合自動車は1950（昭和25）年、自動車部品販売業から多核企業体へと成長した国際興業に買収され、同社のバス部門となった。武蔵野乗合自動車もいったん国際興業の傘下に入るが、バス部門を持たなかった小田急電鉄が買収。社名は小田急バスに変更された。東京都交通局は遊覧バス事業を日本観光に譲渡。ボディに〝はとのマーク〟がつけられ〝はとバス〟と呼ばれるようになった。伊豆大島のバスを運行していた大島自動車商会改め大島開発は、伊豆諸島への航路を運航する東海汽船へバス事業を譲渡した。

1950（昭和25）年に京王帝都電鉄が導入した日野製のトレーラーバス

1950年代

◆都バス・民営バス相互乗り入れによる郊外直通バスの開設

戦後の交通混乱をいち早く解決するため、東京都交通局は都電に比べ建設費が安いトロリーバスの建設を決定。1952（昭和27）年、上野公園〜今井間の運行を開始した。トロリーバスはその後、池袋〜品川間、池袋〜亀戸間、池袋〜浅草間にも開業。都心から放射状に延びる都電路線の終点を扇形に結び、都バス路線とともに網状輸送を担った。

戦後の東京の人口増加は、都心部よりも郊外のほうが著しかった。疎開した人々の郊外への定住や、都心部の地価高騰による郊外への移転が要因だった。しかし当時の国鉄では、電車の高頻度運行は一部区間に限られていた。私鉄各線は山手線の駅をターミナルとし、都心部へは国鉄線や都電への乗り換えを強いられた。このため、都心と郊外を直結する交通手段へのニーズが高まってきた。こうした背景から運輸省は、都バスと民営バスとの相互乗り入れにより、都心と郊外を直接結ぶ長距離路線の設定を各事業者に申し入れた。

これを受け、1940年代の末から1950年代の初めにかけて、民営各社は東京都交通局との相互乗り入れによる都心〜郊外直通路線を積極的に開設していった。

京成電鉄は東京駅〜市川間、上野広小路〜市川・青砥・金町間、新橋〜小岩間を運行開始。

東武鉄道は東京駅〜草加間を開業した。国際興業は東京駅〜上板橋・成増・川口・浦和間、浅草〜志村橋間を運行開始。西武自動車は東京駅〜新井薬師間、新橋〜石神井公園間を開業した。関東乗合自動車は東京駅〜阿佐谷車庫間を運行開始。西武・関東・東京都の3者で東京駅〜石神井《しゃくじい》公園間、新橋〜鷺ノ宮間を開業した。京王帝都電鉄は新橋〜永福町・下高井戸間、新宿〜八王子間を運行開始。京王・小田急・東京都の3者で東京駅〜武蔵境間を開業した。東京急行電鉄は東京駅〜経堂・駒沢・自由が丘・幡ヶ谷・久が原・等々力・池上・雪が谷・多摩川大橋間を運行開始。京浜急行電鉄は東京駅〜勝島・川崎間を開業した。また東京都交通局は単独で荻窪〜青梅間の運行を開始している。

◆長距離急行・特急バスの開業と羽田空港発着路線の開設

一方、国鉄の列車はまだ蒸気機関車・電気機関車が客車を牽引するスタイルが主流。表定速度は低く、運行本数も多くなかった。そこで1940年代の末から1960年代の初めにかけ

関東乗合自動車（現・関東バス）阿佐谷営業所で待機する相互乗り入れの都バス車両（中央）

て、道路の整備が進むにつれ、長距離急行・特急バスの開業も相次いだ。

京成電鉄は新橋～成田不動尊間の運行を開始。東武鉄道は浅草～境間、東京駅～野田市・下妻・足利・桐生・前橋・伊香保・猿ヶ京・谷川岳ロープウェイ間、池袋～川越間を開業した。西武自動車は新宿・池袋～軽井沢・鬼押出し間、池袋・新宿・品川～大磯ロングビーチ間、豊岡町～小河内ダム間を運行開始。京王帝都電鉄・富士山麓電鉄で新宿～河口湖・山中湖間、京王帝都電鉄・富士山麓電鉄・山梨交通で新宿～甲府・昇仙峡間、京王帝都電鉄・立川バスで立

1950年代の草加松原を走る東武鉄道野田～東京駅間急行のキャブオーバーバス

西武自動車が新宿・池袋～軽井沢・鬼押出し間に開業した急行バス用の冷房つきロマンスカー

川・八王子～江ノ島間を開業した。東京急行電鉄は東京駅～横浜間、渋谷～江ノ島間、渋谷～長野間を運行開始。京浜急行電鉄は東京駅～三崎・観音崎・鎌倉・江ノ島間を開業した。立川バス・奥多摩振興で立川～小河内ダム間、東京都交通局・奥多摩振興で新宿～奥多摩間を運行開始している。

戦前に建設された羽田飛行場は、戦後は進駐軍の管理下に置かれたが、1952年に一部が返還され、「東京国際空港」として開港した。羽田をエリアとする京浜急行電鉄は、これに先立ち1950（昭和25）年に大森・蒲田～羽田空港間のバス路線を開設。開港後は東京駅～羽田空港間を運行開始したほか、東京急行電鉄との相互乗り入れで田園調布～羽田空港間、川崎鶴見臨港バスとの相互乗り入れで川崎～羽田空港間を開業している。

新京成電鉄が1953(昭和28) 年の創業時に用意したボンネットバス

なお、神奈川中央乗合自動車は1951（昭和26）年、社名を神奈川中央交通に改称している。また、伊豆諸島では1951年に三宅村営バス、1957（昭和32）年に八丈町営バスが営業を開始している。

◈ボンネットバスからリヤエンジンバスへ

1950年代には国産のディーゼルバスが出揃い、各事業者はこれを次々に購入して戦前製の小型車や進駐軍トラック改造車を置き換えた。国産ディーゼル車は当初、ボンネットバスが中心だったが、次第にセンターアンダーフロアエンジンバス（前・後輪間の床下にエンジンを吊り下げたバス）やリヤエンジンバス（最後部の床下にエンジンを搭載したバス）が主流となっていった。長距離急行・特急バスには各事業者が最新装備の車両を投入。リクライニングシートやエアサス、冷房を装備したリヤエンジンバスも登場している。

小田急バスが吉祥寺営業所に配置した1959（昭和34）年式の三菱製リヤエンジンバス

1960年代

◈労働力不足により登場したワンマンバス

1960年代も都心の人口の郊外流出は続き、国鉄・私鉄の沿線随所で団地や新興住宅地の造成が行われた。また戦後のベビーブーム世代が高校生・大学生に成長し、郊外では高校の新設や大学の規模拡大に伴う移転も相次いだ。民営各社は郊外の自社鉄道線や国鉄線にアクセスするバス路線を次々に開設し、急増する通勤通学需要に対応した。

高度経済成長下で労働力不足が深刻化するなか、輸送力の増強によって車掌不足が顕在化。また車掌のほとんどが女性だったことから、当時の労働法規上、運行時間の深夜への拡大に対応できなかった。これは東京に限っ

1960(昭和35)年ごろの高幡不動駅前から多摩動物公園への入園者を運ぶ京王帝都電鉄の路線バス

た状況ではなく、このころ全国で路線バスワンマン化への取り組みが始まった。京成電鉄では1957（昭和32）年、市川〜松戸間で22時以降の便を初めてワンマン運行。1963（昭和38）年には新小岩〜本州製紙間で終日ワンマン運行を行った。ほかの事業者も1960（昭和35）〜1966（昭和41）年にワンマン運行を開始。関東バスが1970（昭和45）年、全国初のワンマン化100％を達成したのに続き、1980年代前半までに各事業者ともワンマン化を完了している。

東京のワンマンバスは前乗り先払いで、当初は均一運賃の短距離系統に導入された。ワンマン機器に両替や釣り銭の機能がなかったからだ。当時の都区内は区間制運賃だったが、各事業者協調の下、同一運賃エリアの広い地帯制、さらには均一制へと変更。運賃収受を簡便にすることでワンマン化を促進した。区間制運賃が継続された多摩地域では、乗車するときに下車地を申告し、該当運賃を支払う申告制がとられた。千葉県内や埼玉県内が後払い整理券方式をとるなか、申告制は多摩地域独特の方式として1980年代まで見られた。

このため、東京のワンマン車両のほとんどが前中扉で、

1965(昭和40)年ごろの鶴川団地で通勤輸送にあたる神奈川中央交通のワンマンバス

中扉には引戸を採用した。例外として、関東バス、西武バス、立川バスが一時的に前後扉を採用。東武鉄道は都内路線以外を前後扉とした。関東バスは1964（昭和39）年から3扉車の導入を開始している。

◆路面電車の撤去と代替路線の運行

一方、人口の流出した都心部をエリアとする東京都交通局は、経営状況が急激に悪化。軌道・架線に制約されてモータリゼーションに対応できない都電・トロリーバスの撤去を決めた。都電の撤去は地下鉄建設に伴うものを除き、1967（昭和42）年から1972（昭和47）年まで6次にわたって実施。荒川線を除く全路線が廃止された。トロリーバスも1967～1968（昭和43）年、4系統が全廃されている。これらの代替輸送はすべて都バスが担当し、都電・トロリーバス営業所の一部が都バス営業所に転用された。

渋谷を起点に路線を延ばしていた東京急行電鉄の〝玉電〟も、モータリゼーションの進行で利用者が減少していた。このため1969（昭和44）に玉川線と砧線が廃止され、世田谷線だ

1962（昭和37）年に西武自動車が初めて採用したワンマンバス（前扉横の表示幕に「無車掌バス」の表示が見える）

けが残された。〝玉電〟の営業所は東急バスの営業所に転用されている。

なお、1963年には高尾自動車・五王自動車・奥多摩振興の3社が合併し、西東京バスが誕生した。また同年、都内遊覧バスを営業していた新日本観光は、通称だった〝はとバス〟を新たな社名とした。さらに1964（昭和39）年には関東乗合自動車が関東バスに、1969年には西武自動車が西武バスに、それぞれ社名を変更している。

◆高速道路の延伸と高速バスの開業

長距離急行バスの運行会社として、京成電鉄・東武鉄道・常総筑波鉄道・鹿島参宮鉄道・茨城交通・日立電鉄の出資により常磐急行交通を設立。1962（昭和47）年に新橋～日立間の運行を開始した。また東武鉄道・関東自動車・東野《とうや》鉄道・福島電気鉄道・会津乗合自動車・仙南交通・山形交通の出資で設立された東北急行バスも同年、東京～仙台・山形・会津若松間の運行を開始。それぞれの路線に昼行・夜行各1往復が設定された。

乗客の増加に対応して1960年代の末に国際興業が導入した在来車より全長の長いワンマンバス

東京オリンピックを契機に首都高速道路が建設されると、都心と住宅地を結ぶ通勤高速バスが開業。東京都交通局・東京急行電鉄が相互に乗り入れる東京駅〜桜新町間で1967年から、東京駅〜等々力間で1968年から、一部の便を首都高速経由で運行するようになった。また京王帝都電鉄・富士山麓電鉄の新宿〜山中湖間急行バスは、中央自動車道が調布〜河口湖間に延伸された1969年、中央高速バス富士五湖線として新たなスタートを切った。

東名高速道路が開通した1969年には、国鉄バスが東京〜名古屋間の東名ハイウェイバス、東京と関西地方を結ぶ夜行バス「ドリーム号」の運行を開始。東京急行電鉄・小田急電鉄・名古屋鉄道など東名高速沿線12社が出資して設立された東名急行バスも、渋谷〜名古屋間や静岡県内を起終点とする区間の高速バス路線を開業した。さらに、小田急電鉄は自社の特急ロマンスカーを補完する目的で、新宿〜箱根間の高速バスの運行を開始している。

1960年代の中野駅北口に停車する関東バスの3扉ワンマンバス(前後の扉を締め切り車掌が乗務して使用している)

1970年代

◆ニュータウン路線の拡充と新たなバスサービス

1971（昭和46）年に新宿駅西口のバスターミナルが完成。分散していた各事業者のバス停が集約された。1977（昭和52）年には上屋、1979（昭和54）年には都内初のバスロケーションシステムも設置された。1970年代にはバス停の電照化やバス専用レーン・優先レーンの設置といったインフラの整備が、都内の随所で進められていった。

1966（昭和41）年には東急田園都市線溝の口～長津田間が延長開業。1977年には新玉川線渋谷～二子玉川園間も開通した。田園都市線沿線には大規模な新興住宅地が造成され、東急バスと小田急バスが神奈川県内に営業所を

千葉市海浜地区に誕生したニュータウンと国鉄総武線の駅を結び、1973(昭和48)年に設立された千葉海浜交通

新設して対応した。
1968（昭和43）年には都営地下鉄6号線（現・三田線）巣鴨〜志村（現・高島平）間が開業。東京都交通局と国際興業は板橋区内の路線の大規模な再編を行った。1972（昭和47）年には高島平団地が完成。2万人以上が入居したため、国際興業は国鉄赤羽駅や池袋駅、東武東上線各駅へのアクセス路線を増強し、都営地下鉄線を補完した。

1971年には多摩ニュータウンの入居がスタート。当初は鉄道線が開通しておらず、京王帝都電鉄と神奈川中央交通が京王線聖蹟桜ヶ丘駅発着のアクセス輸送を担当した。ニュータウンの人口が3万人に達した1974（昭和49）年に小田急多摩線と京王相模原線が開業。以後はニュータウンの拡大と鉄道線の延伸に合わせて路線再編を行っている。

西武バスは1975（昭和50）年、飯能と入間市からの路線を除いて青梅地区から撤退。多摩振興策を推進する東京都は、都バスによって吉野・成木方面の路線を引き継いでいる。

1971（昭和46）年からクリームとブルーのカラーに一新された東武鉄道の路線バス車両

ユニークな取り組みとして、東京都交通局と関東バスは１９６９（昭和44）年、銀座24時発の荻窪行きを運行開始。しかし利用者が限られ、１９７４年に廃止された。神奈川中央交通は１９７０（昭和45）年、全国で初めて23時以降の便を深夜バスと名づけ、倍額運賃で運行。好評を受けて路線を拡大していった。東京都交通局は１９７４年、都心の渋滞緩和とマイカー等による公害抑制のため、東京駅～霞ヶ関官庁街～新橋間にミニバスの運行を開始。しかしバスへの転移は進まず、１９８３（昭和58）年に廃止されている。東京急行電鉄は１９７５年、デマンドシステムを取り入れた中型バスによる住宅地路線を「東急コーチ」と名づけ、約5割増しの運賃で運行。好評を博したため路線を拡大している。

◆長距離路線・高速バス・空港連絡バスの盛衰

地下鉄網の発展および国鉄線・私鉄各線との相互乗り入れ開始などにより、都心～郊外直通バスはその使命を喪失。１９６０年代末から１９７０年代にかけてほとんどが廃止、または途

1975（昭和50）年に東京急行電鉄が自由が丘～駒沢間に運行開始した「東急コーチ」

中のターミナル駅を境に系統分割された。国鉄線のスピードアップとフリークェンシーサービス、モータリゼーションの進展による道路混雑の加速などを背景に、長距離急行・特急バスの利用者は大幅に減少。1970年代に次々と廃止されていった。

1977年には新橋～日立間の常磐急行バスが運行を終了。沿線6社が出資した常磐急行交通も翌年解散した。東北急行バスは1970年代の東北自動車道の延伸に合わせ、路線を高速道路に乗せ替えて東京～仙台・山形間の昼行・夜行バスの運行を継続した。

1971年には新宿高速バスターミナルが完成。京王帝都電鉄を中心に運行する中央高速バスはここを拠点として、中央自動車道の延伸とともに新路線を開業していった。一方、東名急行バスは国鉄の東名ハイウェイバスに比べて利用が振るわず、1975年にすべての路線を廃止。沿線12社の出資で設立された会社も同年のうちに解散した。

1978（昭和53）年には成田空港が開港。都内の箱崎町に東京シティ・エアターミナルが開設され、東京空港交通が都心と成田空港を直結した。同社は1954（昭和29）年、羽田空

東京都交通局が1972（昭和47）年度から本格的に採用した低床バス（写真は葛西営業所に配置された日野車）

港と都内のホテルをハイヤーで結ぶリムジンの運行会社として創業。1959(昭和34)年にはバス輸送も開始し、空港とホテルを結ぶバスをリムジンバスと名づけた。

横浜駅近くに開設された横浜シティ・エアターミナルと成田空港との間には京浜急行電鉄が高速バス路線を開設。この路線には1988(昭和63)年に京成電鉄も参入した。

◆低床車・冷房車の登場

車両面では1970年に京王帝都電鉄が3扉車を採用。のちに京浜急行電鉄、西武バス、東武鉄道、京成バスなどでも一部の路線に3扉車が投入された。東京都交通局は1971年、試験的に低床バスを導入。翌年から本格的に増備し、民営バス各社でも採用されていった。京王帝都電鉄は1976(昭和51)年、東京で初めて一般路線用の冷房車を導入。1980年代初めまでに各社が採用し、非冷房車の冷房改造も行われた。

黄色に赤帯のボディカラーに変更した東京都交通局の初期の冷房車

1980年代

◆サービス向上による路線バス復権への取り組み

東京都交通局は1984（昭和59）年、渋谷駅〜新橋駅間で都市新バス「グリーンシャトル」の運行を開始した。都市新バスとは、運輸省が公共交通機関としてのバスの利用促進、省エネルギー・低公害の効率的輸送形態の確立を目的に、総合的な都市型バスシステムに対して補助金を与えるというもの。認定基準は、バスロケーションシステムの導入、運行管理システムの導入、停留所の上屋やシェルターなどの整備、走行環境を改善するバス専用レーンの導入、乗り心地の良い都市型車両の導入などで、交通局では中扉を広幅4枚折戸とし、貸切バスのような下部固定・上部開閉窓やハイバックシートを

1980年代に伊豆大島のバス路線にフリー乗降制を導入した東海汽船。写真は1982（昭和57）年式の日産ディーゼル車

備えた専用車両を新製した。「グリーンシャトル」の好評を受け、以後、交通局は独自の予算で都市新バスの整備を拡大。専用車両をエアサス装備にグレードアップしたうえ、1994（平成6）年の日暮里駅～錦糸町駅間「グリーンリバー」まで、計8路線を開業している。

1986（昭和61）年には東京急行電鉄も、複数路線を総合管理する形で都市新バスシステムを採用。目黒通りを走る6つの系統にバスロケーションシステムを導入し、運行管理と来客への情報提供を行った。このうち目黒駅～大岡山小学校・二子玉川園間には、エアサス、中扉4枚折戸、下部固定・上部開閉窓、ハイバックシート装備の専用車両を投入した。

1970年代に神奈川中央交通が設定した深夜バスは、1980年代に入ると都内の各事業者で見られるようになる。さらに東京急行電鉄は1989（平成元）年、渋谷～青葉台間に全国初の深夜急行バスを開業。1990（平成2）年には東京都交通局と関東バスが、銀座～新宿～三鷹間に深夜中距離バスを運行開始した。深夜急行バス・深夜中距離バスも

東京急行電鉄が1986（昭和61）年の目黒通りへの都市新バスシステム導入に伴い新製した専用車両（写真提供：高橋勝己）

各社に広がりを見せ、東武鉄道は上野から埼玉県の春日部まで足を延ばした。

1984年には都内10事業者で使用できる共通回数券が登場。1988（昭和63）年には神奈川中央交通が、バス業界初の磁気式プリペイドカードの実用を開始した。都内共通回数券も1994年に磁気式のバス共通カードへと変更。使用範囲は当初の都区内・神奈川県から、多摩地域と埼玉県・千葉県の事業者まで拡大された。

◆自治体主導路線の開業と魅力的な車両の導入

西東京バスは創立20周年を前にした1982（昭和57）年、ボンネットバスを中古購入して八王子駅～陣馬高原下間で運行。「夕やけ小やけ号」と名づけられ人気を集めた。

1981（昭和56）年には台東区が上野広小路～浅草雷門間に二階バス（2階建てバス）による路線を開業。東京都交通局が運行を受託した。1989年には江戸川区も小岩駅～葛西臨海公園間に2階建てバスの

台東区が東京都交通局に委託して1981（昭和56）年から上野広小路～浅草雷門間で運行開始した二階バス

路線を開設。こちらは東京都交通局と京成電鉄が共同で担当した。台東区・江戸川区とも、ドイツ・ネオプランの車両を輸入のうえ使用している。

1982（昭和57）年にははとバスが都内定期観光バスに2階建てバスを導入。ドイツ・ドレクメーラの車両を輸入し、新設した4つのコースで使用を開始した。1980年代にはバブル景気に支えられ、貸切バスの需要も拡大。日の丸自動車興業や東京ヤサカ観光バスなど、老舗の貸切専業事業者がドイツ製の2階建てバスを相次いで採用している。

鉄道のない武蔵村山市では1981年、小型バスによる市内循環バスの運行を立川バスに委託。日野市でも1986年、住宅地の狭隘路を走るミニバス路線を京王帝都電鉄に運行委託した。今日のコミュニティバスの先駆け的な存在と言ってよかろう。

はとバスが1982(昭和57)年に「東京パノラマドライブコース」など都内定期観光4コースに導入した2階建てバス

◆首都圏発着高速バスの全国への拡充

1983（昭和58）年には「東京ディズニーランド®」がグランドオープン。京葉線はまだ開通しておらず、国鉄バス・東京空港交通が首都高速経由で東京駅と直結した。1985（昭和60）年には上野駅〜東京ディズニーランド®間も開業。国鉄バスと京成電鉄が共同運行した。なお、1987（昭和62）年に国鉄は分割民営化。国鉄関東地方自動車局管内の路線は1年間の東日本旅客鉄道直営を経て、ジェイアールバス関東に引き継がれた。

西武バスは1985年、越後交通・新潟交通と共同で池袋〜新潟間の関越高速バスを開業。昼行・夜行各1往復で、34人乗りスーパーハイデッカーを投入した。新潟線は好調で昼行便の増便を重ね、富山線、金沢線など新たな関越高速バス路線も運行開始した。

京浜急行電鉄は1986年、青森県の弘南バスと共同で品川〜弘前間の夜行高速バス「ノクターン号」を開業。この路線は当時、日本最長距離を誇り、東日本初の3列シート・29人乗りスーパーハイデッカーで運行された。こちらも連日4台運行という好調ぶりで、以後、都内の事業者は次々に東北・関西・中国地方などへの夜行高速バスを開業した。

西武バスが1985（昭和60）年に開業した関越高速バス新潟線用のトイレつき34人乗りスーパーハイデッカー

1990年代

◆地域分社の設立と鉄道会社のバス事業分社化

路線バスの利用者は1970年代から減少が続き、路線バスを取り巻く環境は厳しいものとなった。そこで1980年代の末から2000年代の初めにかけて、大手バス会社の多くが路線バス事業の一部や貸切バス事業を分社化し、経営の効率化を図るようになる。

西武バスは1989（平成元）年に西武秩父バスを設立し、秩父地区の路線を移管した。西武秩父バスは1996（平成8）年に西武バスの貸切バス事業も継承、西武観光バスに社名を改めた。1991（平成3）年には西武高原バスを設立し、軽井沢地区の路線を移管した。都内でも関東バスがケイビーバス、小田急バスが小田急シティバス、立川バスがシティバス立川、西東京バスが多摩バスを設立。路線の一部を移管および委託している。

神奈川中央交通は1996年、箱根登山鉄道の一部バス路線の移管を受けて湘南神奈交バス

神奈川中央交通秦野営業所の一部路線を受託し運行開始した湘南神奈交バスの日野製小型バス

を設立。翌年から神奈中の一部路線も同社に移管した。以降、津久井神奈交バス、横浜神奈交バス、相模神奈交バス、藤沢神奈交バスを設立。路線の移管・委託を行った。

東京急行電鉄は1991年に東急バスを設立。すべてのバス事業を東急バスに移管した。続いて東急バスが1998（平成10）年に東急トランセを設立。代官山地区のミニバスの運行を開始した。また東急バスの路線の一部を東急トランセに運行委託している。

鉄道会社におけるバス部門の分社化は続く。京成電鉄はちばフラワーバス、ちばレインボーバス、ちばシティバス、ちばグリーンバス、京成タウンバスを設立して路線を移管。グループの京成トランジットバス、市川交通自動車にも路線移管を行い、残ったバス事業のすべてを京成バスとして分社した。東武鉄道はグループの路線バス・貸切バス・タクシー会社に北関東エリアの路線を移管。残ったバス事業を分社化し、東武バスが管理、東武バスセントラル、東武バスウエスト、東武バスイースト、東武バス日

路線移管とともに京成電鉄から京成タウンバスに移籍したいすゞ製中型ワンステップバス

光が運行を行う形にした。

京王帝都電鉄は京王バス（現・京王バス東）を設立して一部路線を移管・委託。残ったバス事業を京王電鉄バスとして分社した。さらに、京王電鉄バスの一部路線も新設の南大沢京王バス（現・京王バス南）、京王バス中央、京王バス小金井に移管・委託した。京浜急行電鉄は京急バス（現・羽田京急バス）、横浜京急バス、横須賀京急バス（現・湘南京急バス）を設立して路線を移管・委託。残ったバス事業を京浜急行バスとして分社した。

伊豆諸島への航路を営業する東海汽船は、伊豆大島で路線バス・貸切バスの運行も行ってきたが、2003（平成15）年にバス部門を分社。大島旅客自動車を設立している。

◆自治体バス・高速バスの新たな動き

東京都交通局は1992（平成4）年、中央区の委託によりレトロ調の「銀ブラバス」の運行を開始。しかし利用が伸びず、2000（平成12）年に廃止された。また1980年代から

関東バス（写真）と小田急バスが受託運行を行う武蔵野市コミュニティバス「ムーバス」

運行してきた台東区と江戸川区の二階建てバスも、2000年代初めに廃止されている。

武蔵野市では1995（平成7）年、コミュニティバス「ムーバス」の運行を関東バスに委託した。既存のバス路線に恵まれなかった住宅街を、100円運賃の小型バスが循環する「ムーバス」。住民から好評を得て路線を拡大し、のちに小田急バスも運行に加わった。「ムーバス」の成功は全国の自治体に影響を与え、都内でも2000年代にかけてコミュニティバスの開業が相次いだ。なかには、観光客の利用を見込んでレトロ調車両を導入したり、利用者が増加して中型バスに置き換えたりと、さまざまなタイプが現れている。

1980年代の末から1990年代にかけては、首都圏の中距離・近距離高速バス路線網が形成された時期でもある。JRバス関東は常磐自動車道・東関東自動車道を使用した高速バス路線を次々に開業。京成バスも東関道の路線に進出した。また京成バス・千葉交通は成田空港、京急バスは羽田空港、東京空港交通は双方の空港を拠点として、首都圏各地

京浜急行電鉄が都内工業地域の通勤路線に導入した両開きの“スーパーワイドドア”を装備する長尺車

ヘリムジンバスの運行を開始。首都圏で路線バスを運行する各社が、リムジンバスの共同運行に加わった。１９９７（平成９）年には東京湾アクアラインが開通。これを使って羽田空港や川崎・横浜・都区内と房総半島を結ぶ高速バスが相次いで開業している。

◆人に優しいバス・地球に優しいバスの開発

京浜急行電鉄は１９８６（昭和61）年、東日本で初めて試作ノンステップバス１台を導入。この車両の広幅両開き中扉はその後、都内工業地域を走る京急の長尺車に採用された。また京急では１９８８（昭和63）年から、ワンステップバスの採用を開始している。

東京都交通局は１９９１年、床面地上高55㎝でスロープ板を装備し、車椅子での乗降が可能なワンステップバスをメーカーと共同開発して導入。スロープ板をリフトに変更し、翌年から増備を開始した。しかしこの車両は試作的要素が強く、非常に高価だった。そこで民営バス各社はツーステップバスにリフトを取り付け、車椅子利用者の多い路線に充当。また比較的

新宿に移転した都庁と新宿駅を結ぶ路線に東京都交通局が採用した中扉スロープ板つきの3扉ワンステップバス

安価な中型車ベースの長尺ワンステップバスに、スロープ板を装備する事業者も見られた。1997年には国の先駆的事業の一環として、東京、横浜、名古屋、京都4都市の交通局にノンステップバスが試験導入された。東京都交通局でも2台を採用し、翌年から本格的な増備を開始。民営バスでもノンステップバスの導入が開始されている。なお、東京都ではリフトつきバスやノンステップバスなどバリアフリー車両の普及を促進するため、民営バス各社に対して車両購入費の一部を補助する制度を創設している。

一方、地球環境問題への関心が高まるなか、1991年にハイブリッドバスの試作車、1994(平成6)年にはCNGバスの試作車が東京都交通局で稼働を開始。いずれもまもなく市販が開始され、交通局および民営バス各社が導入を開始した。ディーゼル車にはアイドリングストップ&スタート機能を装着。排出ガスの抑制が図られている。

京王帝都電鉄が数多く採用した中型ロングタイプのワンステップバス(のちにノンステップバスも増備)

2000年代

◈路線バスの規制緩和と魅力あるバスサービスの提供

2000（平成12）年に貸切バス、2002（平成14）年には乗合バスの規制緩和が行われ、バス事業者は個々の魅力の創出により、顧客に選ばれるバスをめざすことになる。

足立区内では2000年、「はるかぜ」の運行がスタートした。これは足立区が交通空白地帯を走行する路線を事業者に提案し、事業者が独立採算性で運行するもの。区は走行環境の整備などに協力するが補助金は支出せず、ほかの区や市のコミュニティバスとは異なる。現在は日立自動車交通、朝日自動車、国際興業、東武バスセントラル、新日本観光自動車が運行。車両も各事業者が購入しており、各社それぞれのカラーリングとなっている。

これまでコミュニティバスのみを運行してきた日立自動車交通やフジエクスプレスは、

運行各社が購入した自社カラーの車両で運行される足立区コミュニティバス「はるかぜ」（写真は新日本観光自動車）

２０００年代に入ると東京駅や渋谷駅を起点とした一般路線を開設。貸切バス事業者の日の丸自動車興業は、企業をスポンサーにした都心部の無料循環バスを運行開始した。都心部の路線を独占してきた東京都交通局は、さらなる経営効率化を推進。２００３（平成15）年の杉並支所を皮切りに、運行業務をはとバスに委託してコスト削減を図っている。

民営バスの中にも分社体制を見直し、営業力の強化を図る動きが見られた。関東バスはケイビーバス、西東京バスは多摩バスを再び統合。神奈川中央交通と神奈交バス各社は再編成され、神奈川中央交通、神奈川中央交通東、神奈川中央交通西の３社となっている。

東京都の観光振興施策の一環として、東京都交通局は２００８（平成20）年、観光路線バス「東京▼夢の下町」を東京駅～両国駅間で運行開始。レトロモダンな専用車両を投入し、車内のディスプレイで沿線ガイドを放映した。２０１２（平成24）年には「東京スカイツリー®」がオープン。「東京▼夢の下町」がスカイツリー経由にルートを変更し、東武バスセントラルが上野駅・東京駅などから

東京都交通局が2008（平成20）年に運行開始した観光路線バス「東京▶夢の下町」の専用車両

「スカイツリーシャトル®」の運行を開始した。

日の丸自動車興業は2004（平成16）年、屋根のない2階建てバスで都内を周遊する「スカイバス東京」の運行を開始。オープントップの迫力と所要時間60分前後の手軽さから、一気に人気が高まった。定期観光バスの老舗・はとバスも2009（平成21）年、2階建てバスをオープントップに改造。「オー・ソラ・ミオ」と名づけて営業を開始した。

◆バリアフリー法の施行と進化する路線バス車両

車両面では2000年のバリアフリー法施行を受け、都内の路線バスの新車はノンステップバスが中心となった。構造上から低床化が困難だったCNGバスやハイブリッドバスも、燃料タンクやリチウム電池を屋根上に搭載することでノンステップ化が図られた。

京成電鉄は1998（平成10）年、つくば科学万博のシャトルバスで実績を上げたスウェーデン・ボルボの連節バスを幕張新都心で使用。全国初の一般路線を走る連節バスとなった。バリアフリー法施行後には神奈川中央交通が、ネオプランとメルセデス・ベンツのノンステップ

日の丸自動車興業がオープントップに改造した真っ赤なダブルデッカーで運行する「スカイバス」

連節バスを神奈川県内の湘南台地区と厚木地区に導入。2012年には町田バスセンター～山崎団地センター間でもベンツ製が使用され、都内初の連節バスとなった。

携帯電話時代のニーズに応え、2000年代には各事業者のホームページ上のサービスが充実。バスロケーションシステムによる運行情報をパソコンや携帯から確認できるページが登場した。京成タウンバスと西東京バスでは、携帯充電用のコンセントやUSB端子を備えた車両を導入。また車内で無料Wi-Fiサービスを提供する事業者も増加しつつある。なお、2007（平成15）年には首都圏の共通ICカード「PASMO」のサービスがスタート。多くの事業者がこれに対応し、磁気式のバス共通カードは廃止された。

◆ニーズに合わせた高速バスサービスの多様化

2000年代には貸切バスを使った都市間のツアーバスが台頭。ツアーバスは路線バスのような厳しい規定を受けないため、柔軟で安価な料金を設定して人気を集めた。路線バス事業者も運賃体系などを見直す一方、充実した車内設備などの付加価値を提供し、割高な運賃を支

一般路線車はいすゞと三菱ふそうだけだった小田急バスで採用された日野製のハイブリッドノンステップバス

払ってでも快適さを求めるニーズの掘り起こしを図った。ＪＲバスグループの「プレミアムシート」が高い人気を見せたほか、個室タイプの座席を提供する事業者も登場した。関東バスと両備ホールディングスは２０１７（平成29）年1月、全国初となる扉つき完全個室の車両を新製。「ドリームスリーパー東京大阪号」として運行を開始した。

なお、ツアーバスでは運転士の過酷な労働環境と未熟な技術から重大事故が連続して発生。そこで国土交通省は、安全対策を強化しながらツアーバスの柔軟性を取り入れた新高速乗合バスへの一本化を行った。厳しい規制に準拠できない事業者は、都市間輸送の市場から撤退していった。

２０１６（平成28）年4月には「バスタ新宿」が開業。新宿駅周辺に点在していた各社のバス乗り場が集約された。これにより同じ土俵に立った老舗路線バス事業者とツアーバスから移行した若い事業者。それぞれにとって真のサービスによる差別化が求められる時代が到来した。

高速バス老舗のJRバス関東とツアーバスから参入したウィラーエクスプレスが同じ乗り場に発着する「バスタ新宿」

第2章

首都圏路線バス事業者オールガイド

東京都および隣接する神奈川・千葉・埼玉の３県には、全国屈指の規模を誇る公営交通や大手私鉄系事業者から、規制緩和で新規参入した小規模事業者まで、カラーの異なるさまざまな路線バスが共存している。

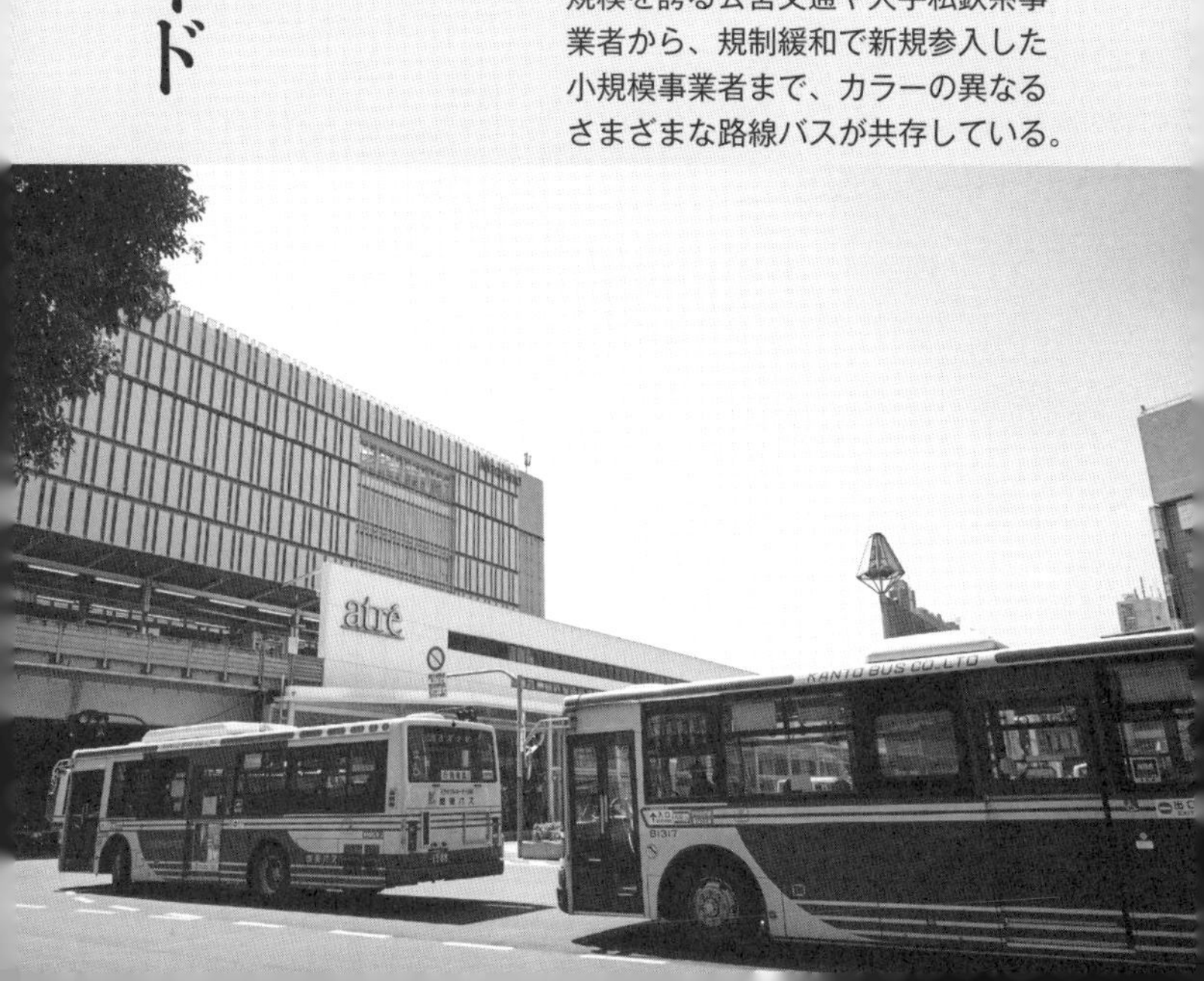

東京都交通局

◆車両1400台を超える全国最大の公営交通

東京都交通局は都営地下鉄、都電荒川線、日暮里・舎人《とねり》ライナー、そして都バスの営業を行う公営企業である。このうち都バスは車両数1464台で、後述する神奈川中央交通（2089台）、福岡県の西日本鉄道（1844台）に次いで全国第3位。公営バスとしては日本一の規模を誇る。営業キロ737・89km、バス部門従業員数2695人である。

第1章に記したとおり、都バスの歴史は1923（大正12）年、関東大震災により壊滅的な被害を受けた市電の代行輸送という形でスタートする。昭和に入ると市電を補完して路線を延ばし、戦時体制下で旧東京市内（山手線の

ライトグリーンのナックルラインにオレンジのサークルが描かれた現在の都バスカラー。1996年度（1997年3月）に登場したノンステップバスから採用されている

品川〜新宿〜池袋〜赤羽以東、荒川放水路以西の地域）の民間路線を統合する。戦後は通勤需要の拡大に応え、民営バスとの相互乗り入れを開始。山手線以西や荒川放水路以東、千葉・埼玉・神奈川県内まで路線を拡大する。しかし、こうした路線は1960〜70年代、地下鉄の延伸、国鉄・私鉄との直通運転が進むにつれ、分割または廃止。代わって、撤去が始まった都電・トロリーバスの代替路線が開設される。青梅地区では西武バスの撤退した山間部の運行を担当。埋め立ての進む港湾地区

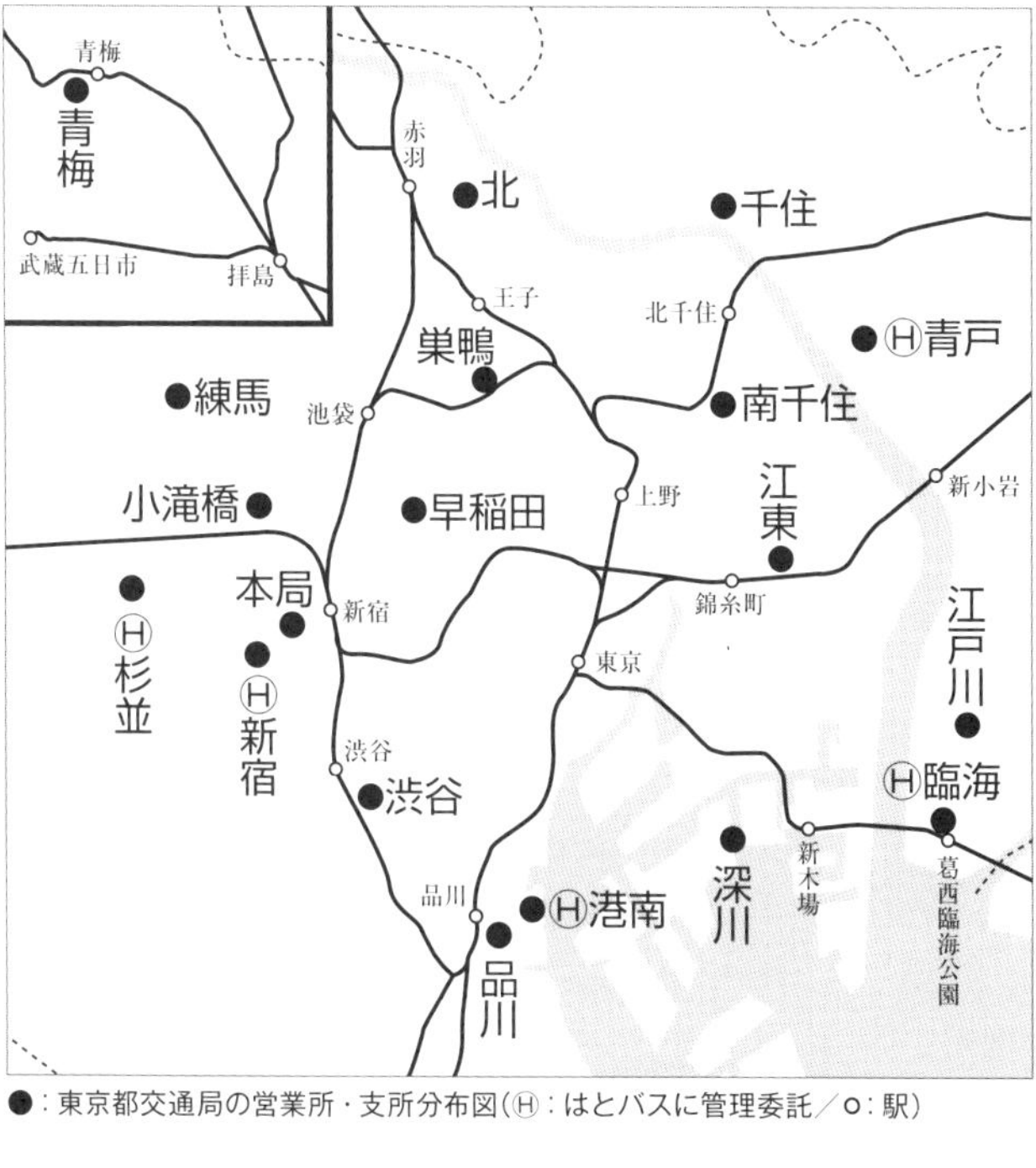

●：東京都交通局の営業所・支所分布図（Ⓗ：はとバスに管理委託／o：駅）

にも先行開発的な要請に応えた路線を開設し、現在のエリアができあがる。

そんな都バスの特徴的な路線として、「都市新バス」があげられる。〝バス復権〟の目玉として運輸省の補助金を受け、1984（昭和59）年に渋谷駅前〜六本木〜新橋駅前間に開業。待たずに乗れるダイヤやバスロケーションシステム、ハイバックシートの車両などが好評を得たことから、1986（昭和61）年以降、交通局独自の予算で7系統の運行を開始した。2008（平成20）年に登場した観光路線バス「東京▼夢の下町」も大いに注目を集めた。レトロモダンな専用車による急行運転、車内のディスプレイに映し出される4言語の沿線ガイドなど、今日のインバウンド需要を先取りしたようなバスである。

現在の東京都交通局は新宿区の都庁第二本

1960～70年代には都電・トロリーバスの廃止が進められ、代替輸送を都バスが担当。当初は利用者にわかりやすいよう、都電・トロリーバス時代の系統番号をつけて走った

庁舎にあり、品川（港南）、渋谷（新宿）、小滝橋（杉並）、早稲田（青梅）、巣鴨、北（練馬）、千住、南千住（青戸）、江東、江戸川（臨海）、深川に営業所（支所）を構えている。このうち、港南、新宿、杉並、青戸、臨海の各支所は経営効率化のため、交通局も出資しているはとバスに業務を委託している。

交通局では1990年代以降、車両の低床化と低公害化に積極的に取り組んできた。その結果、2012（平成24）年度にはノンステップバス100％を達成しており、ハイブリッドバスや燃料電池バスも導入されている。一部を除き大型車に統一され、日野・いすゞ・三菱ふそう・日産ディーゼルの4メーカーが在籍。以前は営業所ごとにメーカーが決められており、毎年4メーカーの新車が入ったが、2004（平成16）年以降、入札方式による車両購入が行われている。

都市新バス〈都04〉系統専用車。愛称「グリーンアローズ」のヘッドマークを掲げている

浅草雷門前を行く〈S-1〉系統「東京▶夢の下町」。レトロモダンな専用車両で運行される

東急バス【東急グループ】

◆都内西南部と川崎市・横浜市に路線網

　東急バスは東京急行電鉄が100％出資する子会社。東京急行電鉄のバス部門の移管を受け、1991（平成3）年10月に設立された。現在、首都圏の私鉄系バス事業者のほとんどが、鉄道とは別会社として営業しているが、東急バスはその先駆け的な存在である。

　バス路線は東京急行電鉄の各駅を起点に延び、東京都の西南部および川崎市・横浜市のうち、北は小田急小田原線、南はJR東海道本線までの間を営業エリアとする。エリア内から羽田空港・成田空港へのリムジンバスも運行している。本社は東京都目黒区に置かれ、都内に淡島、下馬、弦巻、瀬田、目黒、荏原、池上の7営業所、

東急バス最新鋭のハイブリッドノンステップバス。東急バスのワンステップバスは従来からの銀色に赤帯のデザインだが、ノンステップバスは裾と窓上のラインにブルーが入る

川崎市内に高津、川崎、虹が丘の3営業所、横浜市内に新羽、青葉台、東山田の3営業所を持つ。従業員数1726人、路線バス営業キロ816・456km、路線バス車両数883台となっている。

東京急行電鉄の前身にあたる目黒蒲田電鉄、東京横浜電鉄、池上電気鉄道、玉川電気鉄道は、それぞれ昭和初期に乗合バス事業を開始。沿線の小規模バス事業者を買収していく。4つの鉄道会社自身も合併が進められ、新たな東京横浜電鉄が成立。戦時統合により小田急、京浜、京王とも合併し、いわゆる〝大東急〟が誕生する。戦後、〝大東急〟は分割され、東京急行電鉄のバス部門は車両176台をもってスタート。都心と郊外を直結する交通ニーズに応え、東京都交通局との相互乗り入れで、世田

東急バス弦巻営業所のノンステップバス。下馬、淡島、弦巻、瀬田、高津の車両の運行は後述する東急トランセに委託しており、前面に“TRANSSES” のマークが掲げられている

谷・目黒・大田区内と東京駅を結ぶ路線を開業する。１９６０年代に田園都市線が開業し、延伸されていくと、田園都市線の駅を起点とするニュータウン路線が開設され、今日の営業エリアがほぼ完成するのである。

やがて地下鉄網が発展し、東横線や田園都市線との相互乗り入れが始まると、都心～郊外直通路線は山手線を境に分割され、姿を消していく。そんななか、東京駅丸の内南口～目黒駅前～等々力操車所間の〈東98〉系統だけが現存。２０１３（平成25）年には相互乗り入れしていた東京都交通局が撤退したため、いまは東急バスが単独運行している。

２０１１（平成23）年には東名高速道路・首都高速3号線を使った通勤高速バスの運行を開始。「ＴＯＫＹＵ Ｅ-Ｌｉｎｅｒ」と名づけられ、平日の朝、川崎市北部から渋谷駅へ直行している。始発の虹が丘営業所から渋谷駅までは60～80分を要するものの、混雑の激しい田園都

1950年代の東京急行電鉄のボンネットバス。当時はフェンダーと裾が水色に塗られていた

虹が丘営業所のワンステップバス。ラッシュ時の輸送に対応するため長尺・4枚折戸仕様

市線に対し、座って通勤できる快適さが好評で、現在は5便が運行されている。

東急バスの車両は三菱・日野・いすゞの3メーカーが採用され、いまは製造されていない日産ディーゼルの車両も在籍。1営業所2メーカーを主力車種とするよう努めて配置されている。都内はノンステップの短尺大型車または中型車に統一。神奈川県内はノンステップ・ワンステップの短尺大型車または中型車が主力である。例外として、通勤通学時間帯に大量輸送を強いられる虹が丘と青葉台には長尺ワンステップバスが配置されている。

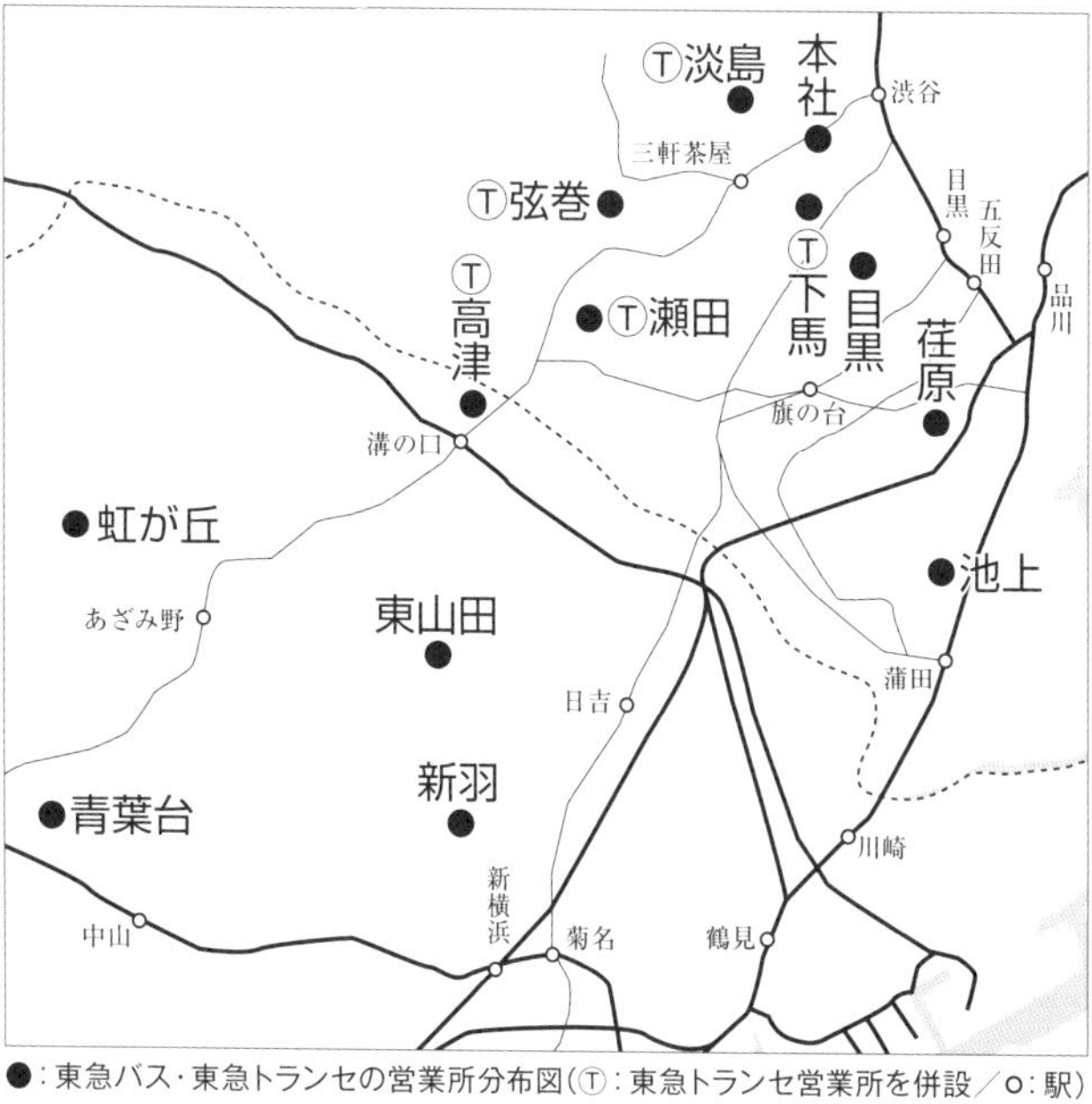

●：東急バス・東急トランセの営業所分布図（Ⓣ：東急トランセ営業所を併設／○：駅）

東急トランセ【東急グループ】

◆代官山線と東急バスからの受託路線を運行

東急トランセは東急バスが100％出資する子会社。渋谷駅を起点とする代官山循環線を運行するため、1998（平成10）年に設立され、下馬営業所が開設された。代官山循環線は、道が狭くバス路線に恵まれなかった住宅街に、マイクロバスを使って新設された路線。開業当初は女性乗務員だけでスタートしたことから、大きな話題を呼んだ。

1999（平成11）年以降、東急バスの一般路線とリムジンバスの受託運行を開始。下馬のほか、淡島、弦巻、瀬田、高津の各営業所が開設された。さらに、東急バスから移管された貸切バスと高速バスの営業も行っている。現在の従業員数は971人、路線バス営業キロは254・80㎞、路線バス車両数は31台、管理受託車両数は334台である。

東急トランセ代官山線の現行車両。ボディカラーは開業時からのシックなワインレッドを踏襲する。女性乗務員だけでスタートしたこの路線は当時、大きな話題を呼んだ

京王電鉄バス【京王グループ】

◆開業100年を迎えた京王グループの中心バス事業者

京王電鉄バスは京王電鉄が100％出資する子会社である。京王電鉄（1998年までは京王帝都電鉄）は1997（平成9）年、京王バスを設立して調布営業所管内の5路線を移管。同社へはその後、都内路線の運行委託を進めていく。そして2002（平成14）年2月、電鉄に残ったバス事業すべてを移管するため設立されたのが京王電鉄バスである。さらに、京王電鉄バスは同年4月から2005（平成17）年11月までに3社の地域分社を設立。路線の移管・運行委託を進めた。その結果、現在は高速バスセンター、府中、八王子、多摩、桜ヶ丘の5営業所体制となっているが、このうち高速バスセンター

聖蹟桜ヶ丘駅付近を走る京王電鉄バス桜ヶ丘営業所のノンステップバス。電車・バス開業100周年を記念した復刻カラー車の1台で、初代"ワンロマ車"のデザインをまとっている

の一部路線、府中、多摩と八王子の寺田支所は地域分社に管理を委託している。

本社は東京都府中市、従業員数は472人、路線バス営業キロは293・0㎞、路線バス車両数は225台（管理委託分を含む）で、京王線・井の頭線の各駅を起点に路線を延ばす。また八王子市内と以西の山間部は、同じ京王グループの西東京バスの路線エリアとなっている。

京王電鉄の前身にあたる京王電気軌道は1913（大正2）年、笹塚～調布間の軌道を開業。同時に未開業区間の先行輸送手段として、新宿～笹塚間および調布～府中～国分寺間に路線バスを走らせた。これは軌道開業とともに中止されるが、昭和に入ると軌道沿線のバス事業者を買収。新たにバス事業を開始し、路線を広げていく。戦時統合により東急、小田急、京浜と合併して〝大東急〟となるものの、戦後まもなく分割され、こ

1968(昭和43)年の多摩川住宅を走る京王帝都電鉄の路線バス。1960年代には京王沿線で大規模団地の開発が目白押しとなり、多くの団地路線が開設されていった

のとき旧・帝都電鉄の路線を譲受して井の頭線としている。1950年代には京王線と国鉄中央線を結ぶ路線、1960年代は京王沿線の団地路線、1970年代に入ると開発の続く多摩ニュータウンへのアクセス路線の拡充が図られ、現在の路線エリアに近い形となった。

一方、1956(昭和31)年には富士山麓鉄道との相互乗り入れにより、新宿~河口湖・山中湖間の急行バスを季節運行。1958(昭和33)年には山梨交通を加えた3社で、新宿~甲府・昇仙峡間の急行バスを通年運行した。1960年代に入り中央自動車道が開通すると、これらは高速バスとして再スタート。以降、中央道の延伸とともに、伊那・飯田、諏訪・岡谷、松本、高山と路線を拡充し、京王の高速バス路線網ができあがる。

京王電鉄バスの車両は日野・日産ディーゼル・三菱ふそう・いすゞの4メーカーが揃っているが、いすゞ車はわずかである。1970年代から3扉の長尺大型車がニュータウン輸送に活躍した。また週末は高速、平日は一般路線に運用する、ロマンスシートを備えた2扉ワンマン車を導入。〝ワンロマ〟(ワンマン+ロマンス)と呼ばれていた。2013(平成25)年には開

1987(昭和62)年式の長尺・3扉車。京王電鉄がCIを導入した際、路線バス車両もコーポレートカラーのラインを入れた新デザインとなり、在来車両の塗り替えも行われた

業100周年を記念して、歴代4種類のボディカラーを復刻させ、2015（平成27）年にさらに2種類を追加している。

1987（昭和62）年式の“ワンロマ車”。高速バスタイプのフロントスタイルでリクライニングシートを備えるが、晩年は高速バスには使われず、一般路線車と同じカラーになった

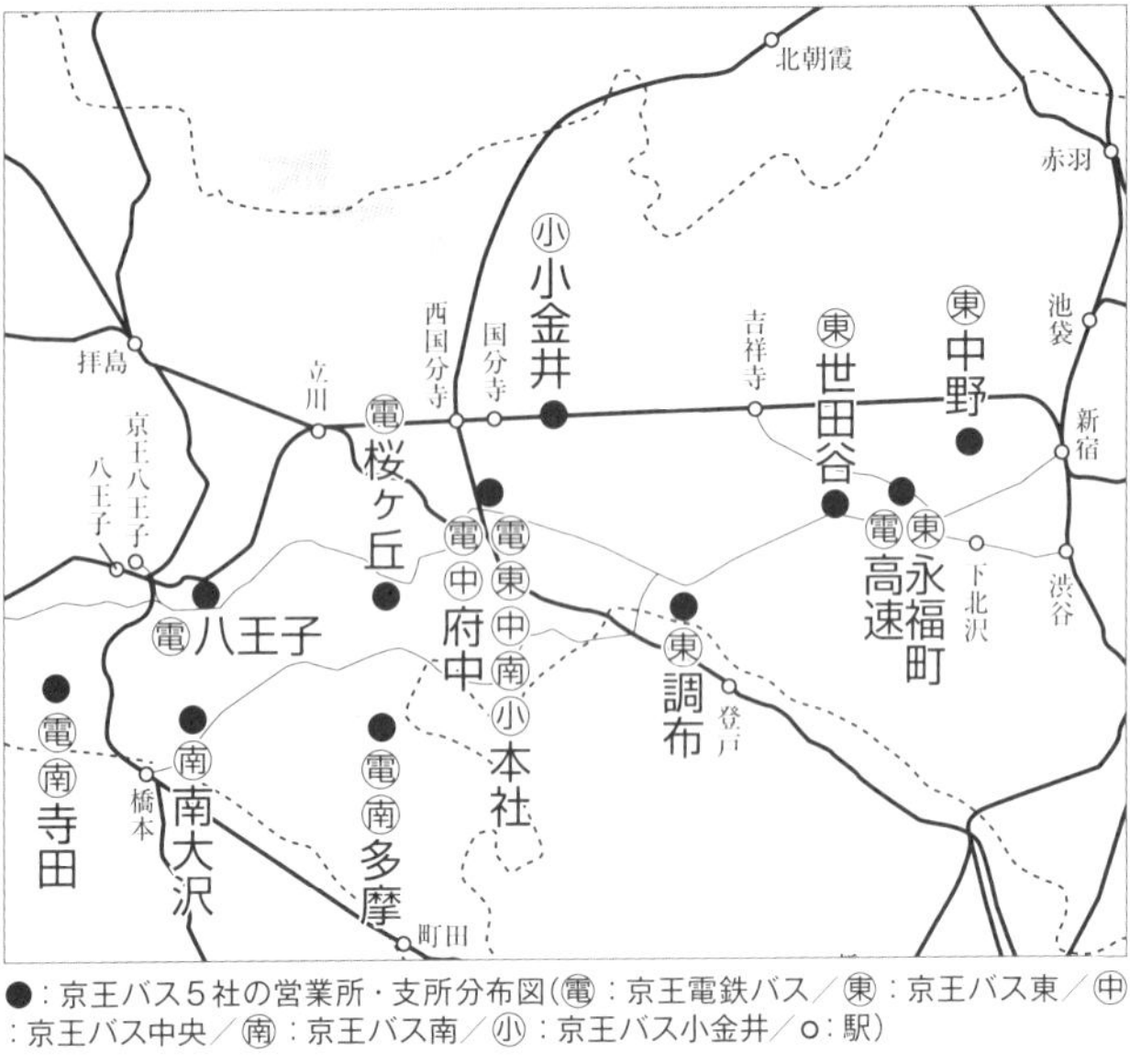

●：京王バス5社の営業所・支所分布図（(電)：京王電鉄バス／(東)：京王バス東／(中)：京王バス中央／(南)：京王バス南／(小)：京王バス小金井／o：駅）

京王バス東【京王グループ】

◆都区内と多摩東部の京王バスを運行

京王バス東は１９９７（平成９）年４月、京王帝都電鉄の１００％出資により、京王バスの社名で設立された。京王帝都電鉄調布営業所の敷地内に、京王バス調布営業所を開設。５路線の移管を受けて10月から運行開始した。翌年には永福町営業所の一部路線を移管。２０００（平成12）年には中野営業所の一部路線が移管される。さらに２００１（平成13）年、調布営業所世田谷支所（のちに営業所昇格）を新設。２００２（平成14）年、京王電鉄バスが設立されたため、京王電鉄（１９９８年に京王帝都電鉄から社名変更）から京王電鉄バスの子会社となる。そして２００３（平成15）年、社名を京王バス東に変更した。

京王バス東の中野営業所に所属するノンステップバス。同社の車両は1997(平成9)年の会社設立当時から、窓まわりがブルー、裾部がベージュのオリジナルカラーだった

現在は中野、永福町、調布、世田谷の4営業所体制。中野は自社路線、永福町はコミュニティバスを含む自社路線と高速バスを含む受託路線、調布はコミュニティバス・空港連絡バスを含む自社路線、世田谷は高速バスの自社路線を担当している。従業員数698人、路線バス営業キロ164・3km、路線バス車両数238台である。

京王バスでは設立当初、日産ディーゼル製で全長7mの〝チョロQ〟のようなワンステップバスが活躍した。この車両はバリアフリーな小型車両をめざし、京王と日産ディーゼルが共同開発したもので、以後、京王グループはもちろん、全国の多くのバス事業者で採用された。この車両の開発を契機として、京王グループではほとんど採用されていなかった日産ディーゼル車を多数導入。京王バス東でも、CNG大型ノンステップバスをはじめ多くの車両が活躍してきた。しかし、代替時期を迎えた〝チョロQ〟は、後継車種がないため日野製の中型ノンステップバスに代わり、日産ディーゼル車は減少しつつある。

会社設立まもない京王バスで多数活躍した全長7mのワンステップバス。京王と日産ディーゼルが共同開発したもので、以後、コミュニティバスを含め各地で採用されていった

京王バス中央【京王グループ】

◈府中市を拠点に高頻度路線を担当

京王バス中央は2003（平成15）年10月、京王電鉄バスの100％出資により設立された。これに先立ち同年4月、京王バス調布営業所府中車庫が開設され、京王電鉄バス府中営業所と桜ヶ丘営業所の一部路線を移管。京王バス中央府中営業所は、これを引き継いでスタートしている。現在はコミュニティバス・空港連絡バスを含む自社路線のほか、受託路線も運行しており、旧・小金井車庫を除く府中管内の全路線を担当している。従業員数247人、路線バス営業キロ150・7km、路線バス車両数90台となっている。

受託路線の府中駅〜明星学苑〜国分寺駅間

京王バス中央の最新鋭のノンステップバス。同社も京王ハス東と同じボディカラーを採用しているが、京王電鉄バスからの受託路線もあり、電鉄カラーの車両も混在している

〈寺91〉系統は、平日には急行バス・深夜バスを含めて200往復以上、朝は2～3分間隔、日中でも5分間隔で運行される、京王電鉄バスグループの最多運行本数路線である。自社路線の調布駅～武蔵小金井駅間〈武91〉系統は、運転免許試験場を経由するため平日の日中でも利用者が多い。また自社路線の府中市コミュニティバス「ちゅうバス」は5路線を展開し、いずれも終日30分間隔。コミュニティバス定番の小型車だけでなく、中型車も活躍する大規模なものである。空港連絡バスは国分寺駅系統と武蔵小金井駅・調布駅系統の羽田空港線を京王バス東とともに担当。また貸切バスとして、私立高校・中学のスクール輸送を京王バス東と分担している。

　京王バス中央の車両は日野車の比率が高く、ここにはCNGバスを含むコミュニティバス用の車両も含まれている。電鉄時代は府中にはいすゞ車が配置され、3扉車も活躍したが、現在ではいすゞ車はハイブリッド大型ノンステップバス1台のみである。空港連絡バスは日野または三菱ふそうのハイデッカー。スクールバスは日産ディーゼル車である。

京王バス中央のいすゞ製ハイブリッドノンステップバス。いまのところ1台のみの存在となっている

京王バス南【京王グループ】

◆八王子市内で開業し多摩市に路線を拡大

京王バス南は２００１（平成13）年12月、京王電鉄の１００％出資により、南大沢京王バスの社名で設立された。京王電鉄バス八王子営業所南大沢支所の敷地内に、南大沢京王バスの南大沢営業所を開設。２００２（平成14）年４月、一部路線の移管を受けて営業をスタートした。２００３（平成15）年10月に京王バス中央が設立された際、社名を京王バス南に変更している。２００８（平成20）年には京王電鉄バス多摩営業所の敷地内に、京王バス南の多摩営業所を併設。多摩管内での運行を開始する。２０１４（平成26）年には京王電鉄バス八王子営業所寺田支所が移管さ

京王バス南の多摩営業所に所属するノンステップバス。同社も京王バス東と同じボディカラーを採用。多摩営業所の所管路線は2008（平成20）年から同社への移管が開始された

れ、京王バス南の南大沢営業所寺田支所が開設された。

現在の従業員数は389人、路線バス営業キロは167.7㎞、路線バス車両数は132台。多摩営業所の自社路線と受託路線、南大沢営業所の高速バス・空港連絡バスを含む自社路線、同営業所寺田支所の自社路線と受託路線を運行している。1970年代に入居が開始された多摩ニュータウンの東部は、すでに高齢化が進んでいる一方、開発の遅かった西部には若い世帯が多いのが特徴。また八王子市にまたがって多くの大学や高校・中学が立地していることから、多様な輸送ニーズに応えている。エリア内の私立高校・中学のスクール輸送を貸切バスとして受託している。また高速バスは南大沢駅起点の河口湖系統と立川駅起点の飯田系統を担当。空港連絡バスは南大沢駅起点の羽田系統と成田系統、高尾駅・京王八王子駅起点の羽田系統を運行している。

京王バス南の車両は日産ディーゼル・日野・三菱ふそうが同じような比率で配置されており、他の京王バス地域分社各社と同様、一般路線車はノンステップバス100%を達成している。高速バス・空港連絡バスは三菱ふそう製のハイデッカーに統一されている。

京王バス南の2005(平成17)年式ノンステップバス。当初は日産ディーゼル車が多かった

京王バス小金井【京王グループ】

◈武蔵小金井駅発着路線を効率的に運行

京王バス小金井は２００４（平成16）年12月、京王電鉄バスの１００％出資による子会社として設立された。２００５（平成17）年2月、京王電鉄バス府中営業所小金井車庫を小金井営業所として独立させ、武蔵小金井駅北口発着路線の多くを移管。同年11月に京王バス小金井の小金井営業所は、これを引き継いでスタートしている。従業員数70人、路線バス営業キロ19・５km、路線バス車両数32台と小規模で、高速バスや貸切バスは運行していない。

ＪＲ中央線の高架化により、２００９（平成21）年に武蔵小金井駅南口ロータリーが完成。多磨霊園方面の路線が北口発着から南口発着に変更され、同社のバスも南口に乗り入れるようになった。その車両は日産ディーゼル・三菱ふそう製ノンステップバスが中心となっている。

武蔵小金井駅北口を行く京王バス小金井の最新鋭ノンステップバス。同社は会社設立当初から京王バスの中で唯一、京王電鉄バスと同じコーポレートカラーを採用している

関東バス

◆JR中央線へのアクセス路線を運行

関東バスは東京都中野区（小滝橋）に本社を置き、JR中央線新宿～武蔵小金井間の各駅を起点として、北は西武池袋線、南は京王井の頭線に至る路線を展開する。営業所は阿佐谷、武蔵野、青梅街道、丸山、五日市街道の5か所、従業員数1084人、路線バス営業キロ2222・887㎞、路線バス車両数387台で、京王電鉄が30％弱を出資する。

関東バスのルーツは、いまの本社がある小滝橋と新宿駅を結ぶ路線で、1931（昭和6）年に設立された関東乗合自動車が翌年、営業開始している。その後、同社は路線を下落合、椎名町と延ばしたものの、経営は厳しく、東京横

関東バス最新鋭のノンステップバス。同社のカラーリングは半世紀以上続くものだが、ノンステップバスを導入した1999(平成11) 年に裾部と窓上にアレンジが加えられた

浜電鉄の系列化に入る。戦時統合により〝大東急〟が成立すると、同社も進運乗合自動車、昭和自動車商会、中野乗合自動車を合併し、ほぼ現在の運行エリアとなる。戦後、〝大東急〟が分割されると、東急の持ち株は京王に譲渡され、以後、京王が筆頭株主となる。1940年代に東京都交通局との相互乗り入れで開設された都心直通路線は、1970年代に分割・廃止されていったが、国際興業と相互乗り入れした中野駅〜池袋駅間、高円寺駅〜赤羽駅間は、いまも運行されている。

1964（昭和39）年に社名を関東バスに変更。1970（昭和45）年には全国で初めてワンマンカー100％を達成した。ワンマン化を進める過程で採用された3扉車は、関東バスの象徴的な存在となり、2000年代に入るまで活躍を続けていた。1988（昭和63）年には

1963（昭和38）年の新宿西口に停車するワンマンバス。関東バスのワンマン化は1962（昭和37）年に開始され、当初は前後扉、1964（昭和39）年から全国初の3扉車が採用された

新宿～奈良間夜行高速バス「やまと号」を開業。続いて高田線、京都・枚方《ひらかた》線、岡山・倉敷線を運行開始する。2017(平成29)年1月には全席完全個室・11人乗りの豪華な夜行高速バス「ドリームスリーパー東京大阪号」を東京～大阪間で運行開始し、大きな話題を呼んでいる。

この間、1999(平成11)年には全額出資の子会社・ケイビーバスを設立。丸山営業所の敷地内に営業所を置き、夜行高速バス全路線を順次移管したほか、丸山営業所の一般路線の運

武蔵野市の住宅街を小型バスで高頻度運行する「ムーバス」。全国でコミュニティバスの開業が相次ぐきっかけをつくった

関東バスが動態保存する1995(平成7)年式の3扉車。武蔵野営業所に所属している

行も委託した。しかし、関東バス本体の経営コストの削減が進んだため、2009(平成21)年に移管・委託路線すべてを本体に戻し、ケイビーバスは解散した。

関東バスの路線は、東西に延びる鉄道線の間を南北に結んでおり、乗客の平均乗車距離は短い。このため高頻度なダイヤにより利便性を高め、利用者の維持に努めている。1995(平成7)年に運行を受託した武蔵野市の「ムーバス」は、交通不便地域の住宅街を100円運賃で高頻度運行。全国のコミュニティバスブームのきっかけをつくった。

車両面では1995年で3扉車の新製が終了し、現在は標準的な大型ノンステップバス・ワンステップバスが主力となった。従来、多数を占めていた日産ディーゼル車に代わり、三菱ふそう車が数を増やしている。高速車は都市間夜行用と空港連絡用が在籍し、前者は3列シートのスーパーハイデッカー、後者は4列シートのハイデッカーが主力である

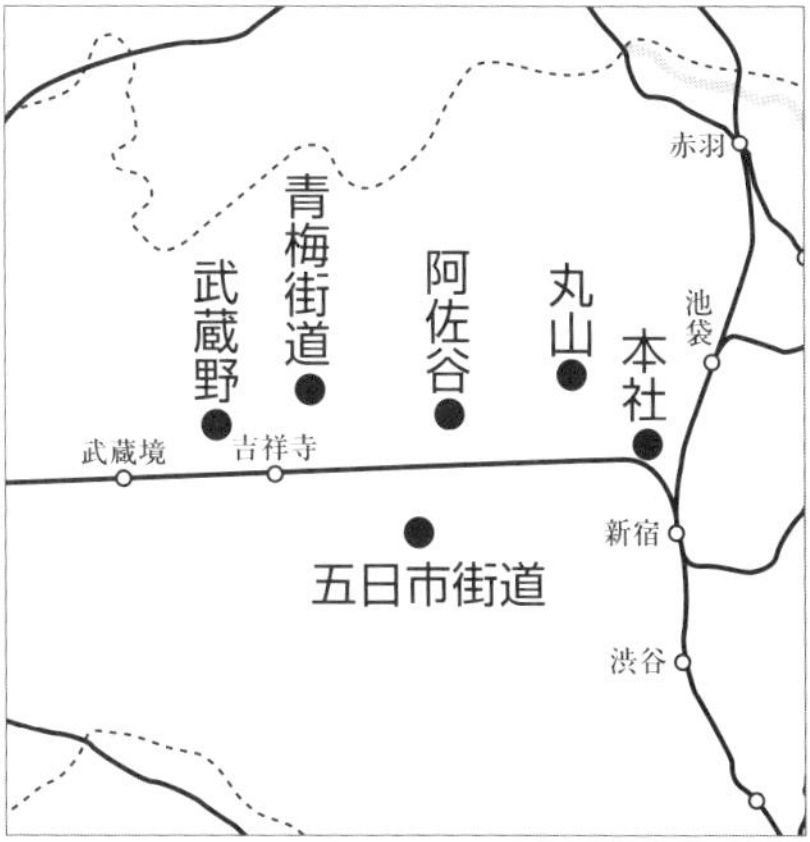

●:関東バスの営業所分布図(○:駅)

西武バス【西武グループ】

◆浦和市で発祥し西武鉄道沿線のバス事業を統合

西武バスは西武鉄道の子会社であるが、他の多くの私鉄系バス事業者のように、1990年代以降に鉄道会社から分社されたものではない。その前身は、1932（昭和7）年に設立された東浦自動車で、現在の西武の鉄道線から遠く離れた浦和を拠点にしていた。

一方、のちに西武鉄道となる旧・西武鉄道、武蔵野鉄道、多摩湖鉄道も昭和初期、それぞれの鉄道沿線に路線バスを開業。軽井沢・草津地区では箱根土地が路線を拡充していた。その後、鉄道3社は自社沿線の中小バス事業者を買収。さらに戦時統合で3社が合併し、西武農業鉄道が誕生する。このときバス部門は切り離され、東浦自動車から

西武バス滝山営業所に所属する最新鋭のノンステップバス。行き先表示器に都内初のカラーLEDを採用している。60年以上続くデザインは“笹バスカラー”と呼ばれている

改称された武蔵野自動車へ統合。ほぼ現在の路線エリアが完成する。そして、1946（昭和21）年に西武農業鉄道は西武鉄道、1947年に武蔵野自動車は西武自動車として、新たなスタートを切った。さらに西武自動車は1958（昭和33）年、箱根土地改め国土計画が運行していた軽井沢地区の路線を譲受。新宿・池袋〜軽井沢・鬼押出し間の急行バスを1961年に開業する。1969（昭和44）年には社名を西武バスに変更。同社はすでに社員数約3000人、路線バス営業キロ1563km、車両数899台の規模に成長していた。

新宿〜軽井沢間などの長距離バスは1970年代に廃止されるが、代わって1985（昭和60）年、池袋〜新潟間の関越高速バスを開業。その後、路線を上越、富山、高岡・氷見、金沢、佐久・上田、長野などへ拡充したほか、大津、伊勢、南紀勝浦など関西方面への路線も運行開始している。一般路線のほうは秩父・軽井沢地区の事業環境が厳しくなったのを受け、1989（平成元）年には西武秩

新宿・池袋〜軽井沢・鬼押出し間に開業した急行バス。エアサス・冷房つきのロマンスカーが使用された

父バスを設立して秩父地区の路線を、1991（平成3）年には西武高原バスを設立して軽井沢地区の路線を移管。貸切バスも1996（平成8）年以降、西武秩父バスから改称した西武観光バスへの移管を進めた。

その結果、現在の従業員数は1854人、路線バス営業キロは2396・4km、路線バス車両数は864台。本社は埼玉県所沢市で、営業所は都内に練馬、上石神井、滝山、小平、立川の5か所、埼玉県に新座、所沢、大宮、川越、狭山、飯能の6か所がある。

1967(昭和42)年式のワンマン専用車。前後扉が採用された

上石神井営業所に所属する長尺・4枚折戸のワンステップバス

西武バスの車両は一時期、日産ディーゼルのみが採用されていたが、現在は一般路線車が三菱ふそうといすゞ、高速車がいすゞ、コミュニティバスが日野中心となっている。主力は大型

のワンステップバス・ノンステップバスで、通勤通学時間帯に大量輸送を強いられる一部都内路線には、広幅・4枚折戸の中扉を持つ長尺ワンステップバスが投入されている。また近距離の貸切使用を考慮し、2人掛け座席とブラインド・網棚などを装備したワンステップバスが各営業所に少しずつ配置されている。都区内の狭隘路線や多摩地区・埼玉地区の閑散路線用として、一定数の中型ノンステップバスも活躍している。

●：西武バス・西武観光バスのバス営業所分布図(バ：西武バス／観：西武観光バス／o：駅)

西武観光バス【西武グループ】

◆秩父地区の路線バスと高速バスを担当

西武観光バスは1988（昭和63）年9月、西武バスの100％出資により、西武秩父バスの社名で設立された。西武バスから小鹿野《おがの》線の移管を受け、翌年4月に営業を開始している。1996（平成8）年には社名を西武観光バスに変更。西武バスから貸切バスが移管され、狭山営業所と大宮営業所が開設された。1999（平成11）年には練馬営業所も開設された。また同年の大津線を最初に、高速バスの移管・運行委託も行われている。

従業員数209人、路線バス営業キロ4454.1km、高速バスを含む路線バス車両数64台で、営業所は大宮、秩父、軽井沢に置かれている。一般路線は秩父営業所と軽井沢営業所が担当しており、車両は西武バスから移籍した大型・中型ワンステップバスが中心である。2017（平成29）年4月1日には、西武高原バスと合併している。

西武観光バスの中型ノンステップバス。同社は西武バスと同じボディカラーを標準とするが、童話作家の池原昭治氏が手がけたイラストバス２台も活躍している

西武高原バス【西武グループ】

◆軽井沢地区の路線バスと高速バスを担当

西武高原バスは1991（平成3）年6月、西武バスの100%出資により設立。〝高原バス〟の名は、国土計画による運行時代から通称として使われていたものである。同年10月に軽井沢・草津地区の路線バス・貸切バスすべてが移管され、営業をスタート。翌年からは高速バス佐久・上田線の運行も担当していた。また、2017（平成29）年4月には西武観光バスと合併している。路線エリアは本書の収録範囲外の群馬・長野県だが、もとは西武バス路線という歴史的経緯から紹介することにした。

営業所は軽井沢1か所で、一般路線車は西武バスから移籍した大型車が中心であるが、長距離の観光路線という走行環境を考慮し、座席数の多い車両が充当されてきた。

かつての西武高原バスの大型路線車。同社の車両は西武バスからの移籍車を改修したライオンズカラーのツーステップバスが主流であったが、近年は笹バスカラーのワンステップバスが主流となってきている

注　西武高原バスは2017年4月1日に西武観光バスと合併しました。

国際興業

◈鉄道新線の開業に合わせて路線を再編

国際興業は、東京都中央区に本社を構え、路線バス・貸切バス・ハイヤーのほか、ホテル、レジャー、流通、商事、不動産開発などを営む。都内の大手バス事業者で唯一、私鉄の系列会社ではない。このため、同社の路線バスはＪＲ京浜東北線・埼京線、埼玉高速鉄道、東武スカイツリーライン・アーバンパークライン・東上線、都営地下鉄三田線、西武池袋線など多くの鉄道線の駅前に乗り入れ、東京城北地区から埼玉南東部、および飯能エリアに路線を展開している。営業所は池袋、練馬、志村、赤羽、戸田、川口、鳩ヶ谷、さいたま東、西浦和、飯能の10か所、従業員数約２５００人、路線バス営業キロ約

国際興業の最新鋭ノンステップバス。いすゞが市販開始した新型モデルをただちに採用した。ボディカラーはノンステップバス導入時、鮮やかな黄緑色に変更されている

２５００km、路線バス車両数約９００台である。

国際興業は１９４０（昭和15）年、自動車部品販売業を行う第一商会として創業。戦後は国際商事となり、ホテル業務を開始する。１９４６（昭和21）年には東急傘下の企業を買収・譲受し、進駐軍関係の輸送と路線バス事業に進出。翌年、国際興業と改称した。進駐軍関係輸送はその後、在日米軍輸送に形を変えて全国で実施。１９７７（昭和52）年の横田営業所閉鎖まで続けられた。一方、路線バスは池袋、板橋、志村、川口、鳩ヶ谷、浦和の6営業所体制で開始。１９５９（昭和34）〜１９６０（昭和35）年の買収により、大宮・蓮田地区、飯能・名栗地区、川越地区の路線が加わり、営業エリアを拡大した。

１９６０年代には積極的なグループ展開が行われ、山梨交通、秋北バス、十和田観光電鉄、

1996（平成8）年式の中扉リフトつきワンステップバス。スロープ板つきワンステップバス・ノンステップバス登場以前のバリアフリー車両で、志村と西浦和に配置されていた

岩手中央バス、花巻電鉄を傘下に収めた。このため１９８０年代に都市間高速バスを開業した際にも、秋北バス、十和田観光電鉄、岩手県交通（岩手中央バス、花巻電鉄などが合併）との共同運行による東北方面の路線がめだっている。一般路線では１９７０年代の都営三田線に始まり、営団有楽町線、ＪＲ埼京線、埼玉高速鉄道と、エリア内に新たな鉄道線の開業が相次ぎ、その都度、需要の変化に合わせた路線再編が行われてきた。

1990年代には貸切バスタイプの側窓を持つ車両が採用されていた

現在は２人掛けのハイバックシートを備えた“ワンロマ車”も活躍する

貸切バス事業は2004（平成24）年、規制緩和に対応するべく国際興業観光バスとして分社化。しかし、2013（平成25）年には国際興業に統合されている。

1958（昭和33）年に北海道いすゞ自動車の経営権が国際興業に移り、以後、国際興業の車両はほとんどがいすゞ製となった。主力は大型車で、2000年代に入ってワンステップバスを中心にしてきたが、近年はノンステップバスの比率が高まっている。廃車後は従来、グループの山梨交通や東北3社に売却されるケースが多かった。しかし2000年代、東北3社および山梨交通がグループを離れたこと、また国際興業自身が「中古バスドットコム」を立ち上げ、中古バス販売業を開始したことから、近年は全国各社で第二の人生を送っている。

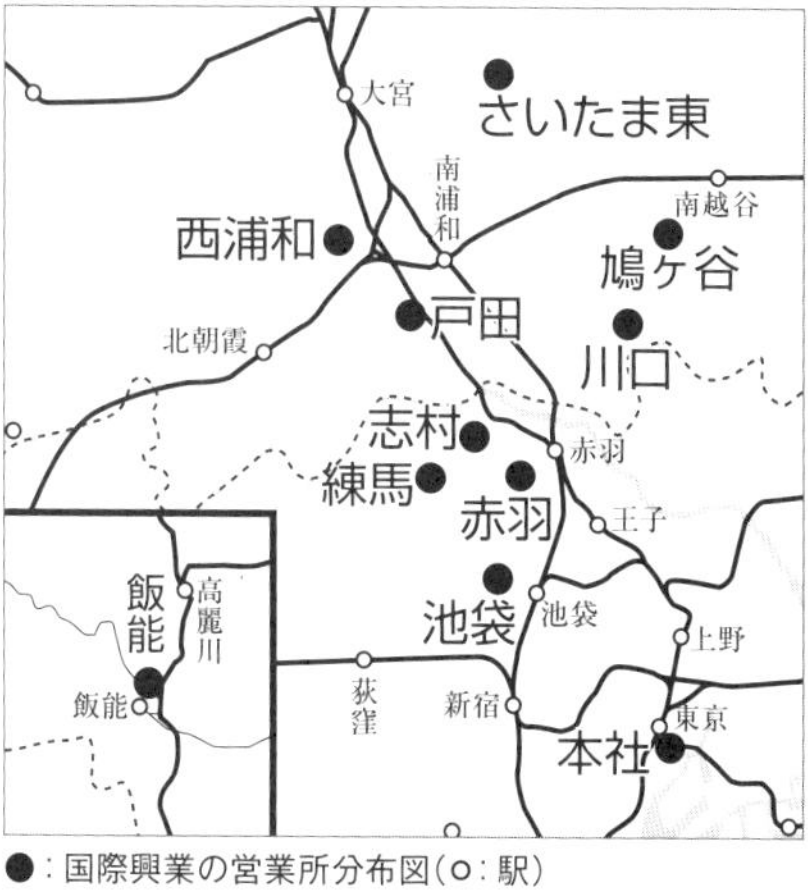

●：国際興業の営業所分布図（○：駅）

小田急バス【小田急グループ】

◈調布で創業した武蔵野自動車が起源

小田急バスはその名のとおり、小田急電鉄の子会社である。しかし、前述した西武バスと同じように、1990年代以降に鉄道会社から分社されて誕生したものではない。

小田急バスのルーツは、1932（昭和7）年に調布で創業した武蔵野乗合自動車。同社は吉祥寺駅〜野崎〜調布間と調布〜三鷹天文台〜武蔵境駅間の営業を行ったが、戦災により厳しい経営をせまられた。このため、都内北部に路線を広げていた国際興業が同社に出資し、再建に乗り出す。しかし業績は好転せず、国際興業は小田急電鉄に譲渡話を打診。バス部門を持っていなかった小田急電鉄は、自社の鉄道沿線で

小田急バス狛江営業所に所属するいすゞ製の最新鋭ノンステップバス。白地に赤いラインを配したボディカラーは、1953（昭和28）年から60年以上にわたり使用されている

のバス事業を計画していた矢先で、武蔵野自動車の買収に応じた。こうして1950（昭和25）年8月、小田急バスが発足したのである。従業員132人、営業キロ104km、車両38台でのスタートだった。

このとき、車両の側面に「犬マーク」が取り付けられた。これは「常に前進、常に飛躍し、躍動的なはつらつとした会社であり、すべての人に愛される会社でありたい」という決意を込めたものだという。路線バスでは1960年代末に省略されたものの、高速バスと貸切バスには現在でも取り付けられており、小田急バスのシンボルとなっている。

その後、小田急バスは小田急線以南の路線を開拓。東急バスとの協定により、渋谷駅〜成城学園前駅間などの運行も開始した。1960年代前半には三鷹市や調布市、世田谷区の宅地開

創業当時の1950（昭和25）年式三菱製ボンネットバス。下半が青色、上半が藤色という当初のボディカラーは現在、運転士の安全運転訓練用車両に復刻されている

発が進み、このエリアの路線網が拡大。１９６０年代後半には小田急沿線の調布・狛江地区、東急田園都市線が延伸された川崎・横浜地区で路線新設が相次ぎ、ほぼ現在の路線網ができあがる。小田急バスが小田急電鉄の路線から離れた吉祥寺や三鷹に路線を持つことが不思議に思えるかもしれないが、それはこのような会社創立の経緯によるのである。

1961(昭和36) 年式の日野製センターアンダーフロアエンジンバス。犬のレリーフは1960年代まで取り付けられていた

町田営業所の三菱ふそう製最新鋭ノンステップバス。いすゞ車のみだった町田にも、近年は三菱車が配置されている

現在の小田急バスは東京都調布市に本社を置き、都内に吉祥寺、若林、武蔵境、狛江、町田

の5営業所、神奈川県に登戸営業所を持つ。このうち若林営業所の業務は、後述する小田急シティバス世田谷営業所に委託。登戸営業所は2013（平成25）年に生田営業所を移転・新設したものである。従業員数1375人、路線バス営業キロ404・918km、路線バス車両数547台で、前記エリアの路線バスとコミュニティバスのほか、吉祥寺と新百合ヶ丘からそれぞれ羽田空港・成田空港へのリムジンバスを運行している。

小田急バスの車両はいすゞ車が約8割を占め、残りの一般路線車とリムジンバスが三菱ふそう製、コミュニティバスが日野製中心となっている。一般路線車はノンステップバス100％を達成しており、三菱ふそう製は主に狛江と吉祥寺に配置されてきた。車種的には短尺大型車を主力とし、狭隘路の多い若林と狛江では中型車も多数活躍している。なお、丘陵地帯を担当する生田と町田の車両は、2003（平成15）年まで高出力仕様が選択されていた。

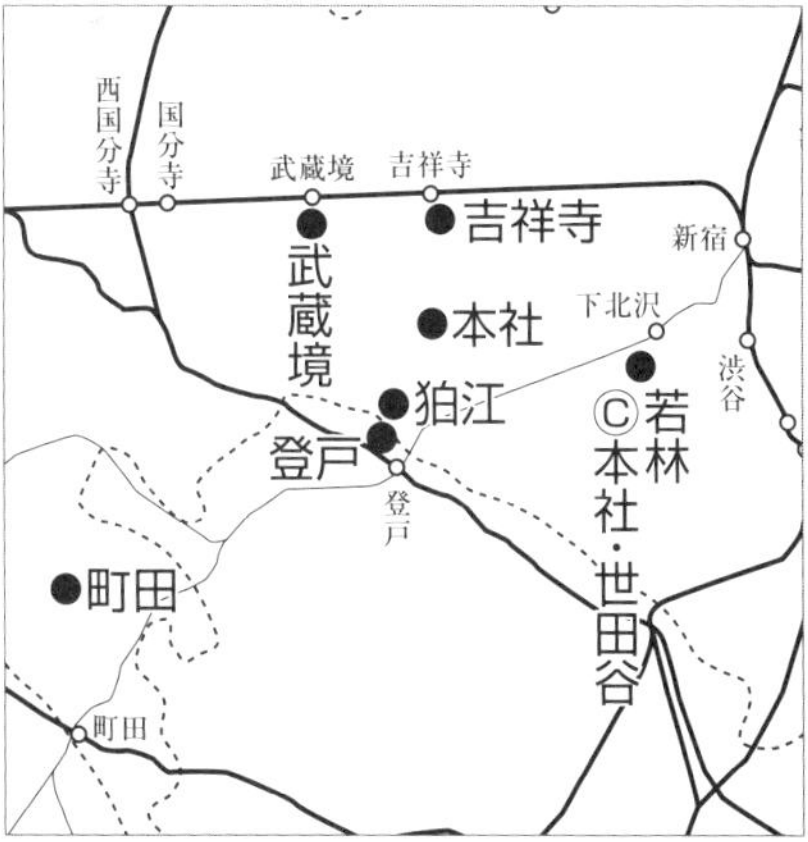

●：小田急バス・小田急シティバス営業所分布図（ⓒ：小田急シティバス／○：駅）

小田急シティバス【小田急グループ】

◈都区内の一般路線バスと高速バスを運行

小田急シティバスは小田急バスが100％出資する子会社である。経営環境が厳しくなった都区内の路線を効率的に運営するため、2000（平成12）年に設立され、小田急バス若林営業所の敷地内に、小田急シティバス世田谷営業所が開設された。

一般路線の運行開始に先駆け、同年から新宿〜岡山・倉敷・児島間夜行高速バス「ルミナス号」の移管を受けて運行をスタート。2002（平成14）年には尾道・三原線、広島線、高知線、岐阜線、秋田線も移管され、小田急バスの夜行高速路線すべてを担当することとなる。併せてこの年、貸切バスも小田急シティバスに移管された。

小田急シティバスが「アクアライナー」開業時に導入したハイデッカー。小湊鐵道との共同運行で新宿〜木更津間を結び、好評を受けて増便を重ねるヒット路線となった

2008（平成20）年に新たに開業した新宿～木更津間昼行高速バス「アクアライナー」は、増便を重ねるヒット路線となり、これを受けて、のちに新宿～五井線も運行開始している。

一方、一般路線のほうは2001（平成13）年から、三軒茶屋線の北沢タウンホール～駒沢陸橋間〈下61〉系統、梅ヶ丘線の渋谷駅～梅ヶ丘駅間〈渋54〉系統、経堂線の梅ヶ丘駅～経堂駅～千歳船橋駅間〈梅01〉系統の運行を受託。2002（平成14）年には小田急バス最長路線の新宿駅西口～よみうりランド間、2003（平成15）年には船橋希望ヶ丘線の千歳船橋駅～希望ヶ丘団地間〈歳25〉系統の受託運行も開始している。自社運行路線には、世田谷区コミュニティバスの祖師谷・成城循環線「せたがやくるりん」がある。

現在の従業員数は138人、路線バス営業キロは3299.662km、自社所有の夜行・昼行高速車は計26台、小田急バスから受託している一般路線車は29台である。このうち一般路線車はすべて中型または小型で、ノンステップバス100%となっている。

1962（昭和37）年式の三菱製リヤエンジンバス。ツーマンバス最終期の大型車で、現在は小田急シティバスが管理する若林営業所に配置されていた

京浜急行バス【京急グループ】

◆都内南部の港湾地区と三浦半島が主要エリア

京浜急行バスは京浜急行電鉄が100％出資する子会社。京浜急行電鉄のバス部門は、1999（平成11）年から地域ごとの分社化が進められた。そして2003（平成15）年4月、電鉄本体に残ったバス事業すべてを移管するため設立されたのが同社である。

京浜急行バスは本社を港区に置き、京急の鉄道沿線に路線を展開する。ただし、川崎から横浜にかけては、京急グループの川崎鶴見臨港バスの営業エリア。したがって京浜急行バスの営業所は、京浜島、羽田、大森、新子安、横浜、能見台《のうけんだい》、追浜《おっぱま》、堀内、鎌倉、逗子、衣笠、三崎、久里浜に置かれている。このうち京浜島、羽田、

京浜急行バス堀内営業所に配置された最新鋭のノンステップバス。下半がブルー、上半がシルバー、赤帯を締めたメタリック塗装は、1958（昭和33）年から採用されている

新子安はリムジンバスなど高速路線だけを担当。羽田は地域分社の羽田京急バスに、横浜、能見台、追浜は横浜京急バスに、堀内、鎌倉は湘南京急バスに、それぞれ業務を委託している。従業員数1080人、路線バス営業キロ3582・54km、路線バス車両数795台となっている。

京浜急行電鉄の前身にあたる京浜電気鉄道と湘南電気鉄道は、昭和初期、都内や川崎市内、三浦半島で営業する中小のバス事業者を系列化または買収していく。1941(昭和16)年、湘南電気鉄道と湘南半島自動車が京浜電気鉄道に合併。戦時統合により東急、小田急、京王とも合併し、〝大東急〟が誕生する。戦後は〝大東急〟が分割され、京浜急行電鉄が誕生。同社のバス部門は営業キロ95km、車両数173台でスタートを切った。

1950年代には東京駅八重洲口~川崎駅間(東京都交通局との相互乗り入れ)や東京駅~鎌

羽田空港で航空機の旅客を待ち受ける京急の貸切バス。京急は1950(昭和25)年から羽田空港に乗り入れている(写真提供:京浜急行電鉄株式会社)

倉～三崎間急行バスなどの中長距離路線を開業。羽田空港発着路線も運行開始する。1960年代には都区内や横浜市内、逗子・久里浜地区などで路線網が拡大。首都高速1号線の開通により、横浜～羽田空港間の運行をスタートした。

1986（昭和61）年には品川～弘前間夜行高速バス〈ノクターン号〉を開業。その後の夜行高速バスブームのきっかけをつくり、京急自身も次々に路線を新設した。1980年代以降は羽田空港の需要拡大に応え、関東一円の都市と羽田空港を直結するリムジンバスの開業が続く。また1997（平成9）年の東京湾アクアラインの開通を受け、横浜・川崎・品川と房総半島を結ぶ高速バス路線を開設。リムジンバスにもアクアライン経由の路線が登場している。

衣笠営業所で活躍した1989(平成元）年式のワンステップバス

鎌倉営業所に所属する2008(平成20）年式の「京急りんどう号」

京急バスの一般路線車はいすゞ・日野を主力とし、都内には三菱ふそう、横浜市内には日産ディーゼルも配置されている。1986（昭和61）年に関東初のノンステップバスを試作。1988（昭和63）年からワンステップを標準仕様とするなど、早くから低床化に積極的な事業者として知られている。古都鎌倉には1992（平成4）年、レトロ調バス「京急りんどう号」を投入。2008（平成20）年にはノンステップの2代目「京急りんどう号」が登場し、現在は鎌倉駅～金沢八景駅間の〈鎌24〉系統で活躍している。

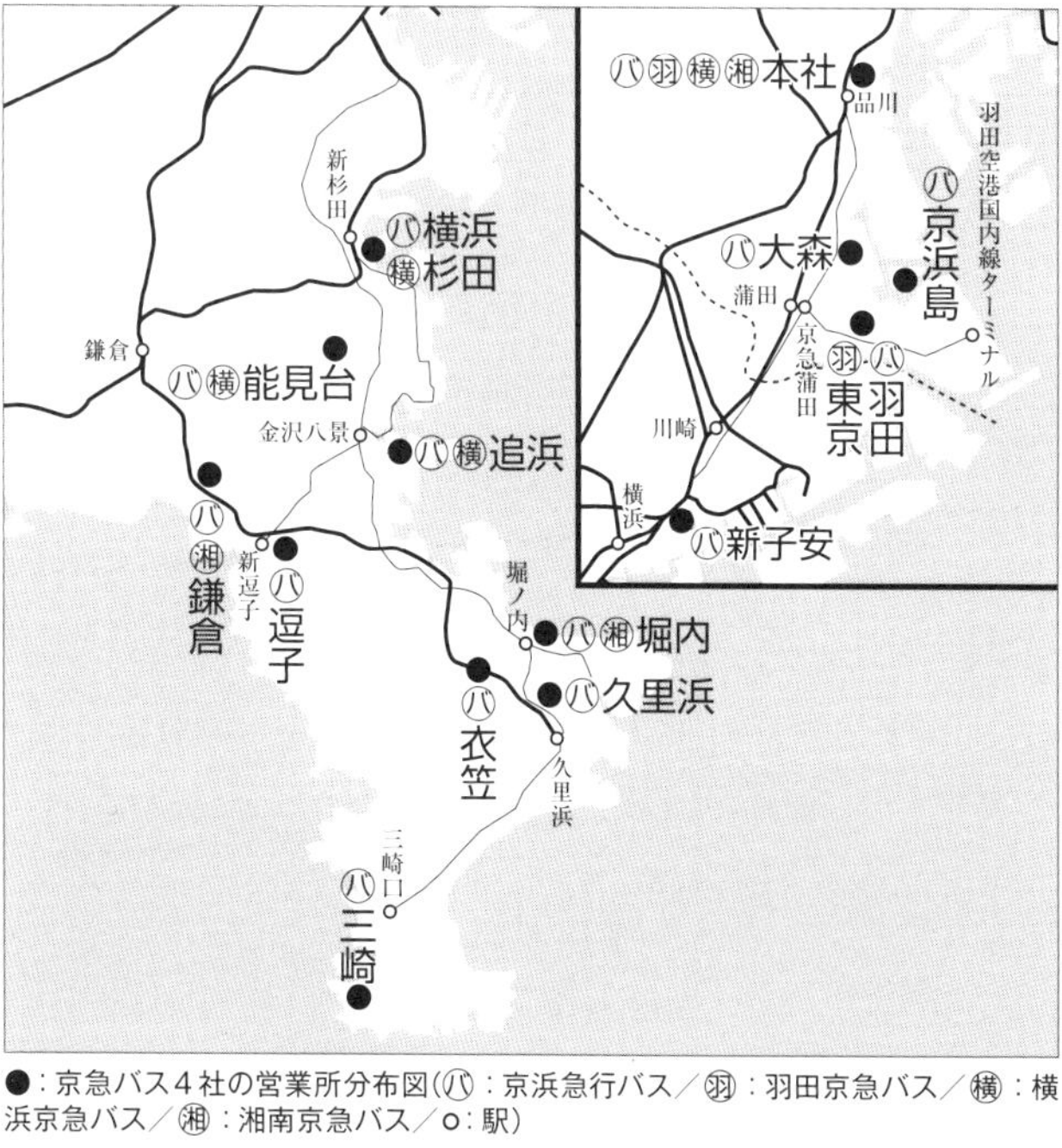

●：京急バス4社の営業所分布図（㋩：京浜急行バス／羽：羽田京急バス／横：横浜京急バス／湘：湘南京急バス／o：駅）

羽田京急バス【京急グループ】

◆都内路線と高速路線を京浜急行バスと分担

羽田京急バスは1999（平成11）年4月、京浜急行電鉄の100％出資により、京急バスの社名で設立された。京浜急行電鉄羽田営業所の敷地内に、京急バス東京営業所を開設。JR蒲田駅東口～羽田空港間など、羽田営業所の一部路線の移管を受けてスタートした。2002（平成14）年には横浜～羽田空港線の運行を受託。初めてリムジンバスを担当する。2003（平成15）年には品川～宮古間〈ビーム1号〉の移管を受け、夜行高速バスの運行も開始した。同年には社名を羽田京急バスに変更。前述の京浜急行バスが設立されると、京浜急行電鉄の株式が移転され、京浜急行バスの子会社となった。

羽田京急バスの蒲田駅～羽田空港間シャトル用ノンステップバス。同社の一般路線車は京浜急行バスの路線車と同じデザインだが、この車両は白と赤のリムジンバスカラーとなっている

現在の従業員数は２４７人、路線バス営業キロは１６１６・89km、路線バス車両数は77台である。夜行高速バス３系統、リムジンバス３系統を運行するほか、リムジンバス15系統を京浜急行バスから受託している。一般路線は羽田営業所の全路線と大森営業所の一部路線が移管され、計37系統を所管。羽田空港～ＪＲ川崎駅東口の〈空51〉系統やＪＲ蒲田駅東口～ＪＦＥ間の〈蒲45〉系統など、川崎市に乗り入れる路線も担当している。

羽田京急バスの一般路線車はいすゞ製が半数以上を占め、中型ロングタイプに日野製、蒲田駅～羽田空港シャトル用にリムジンカラーの三菱ふそう製を採用。リムジンバスは日野製が中心だが、受託車両には三菱ふそう製といすゞ製も見られる。夜行高速用は三菱ふそう・日野製で、３列シートのスーパーハイデッカーを使用する。

また特定バス事業として、羽田空港国内線第１ターミナル・第２ターミナル・国際線ターミナルを循環する無料循環バスを運行しており、日野製のハイブリッドノンステップバスが使用されている。

羽田空港国内線第１・第２ターミナルと国際線ターミナルを結ぶ無料循環バス。オリジナルカラーのハイブリッドバスに統一されている

横浜京急バス【京急グループ】

◆横浜から三浦半島東海岸に延びる路線網

横浜京急バスは2000（平成12）年12月、京浜急行電鉄の100％出資により設立された。翌年6月、京浜急行電鉄横浜営業所の敷地内に、横浜京急バス杉田営業所を開設。横浜営業所から上大岡線上大岡駅〜森が丘循環などの移管を受けて営業を開始した。2002（平成14）年には横浜営業所の全路線の運行を受託。2003（平成15）年に京浜急行バスが設立されると、京浜急行電鉄の株式が移転され、京浜急行バスの子会社となる。

京浜急行バスの設立後は、同社追浜《おっぱま》営業所の一部路線も横浜京急バスが運行を受託。2004（平成16）年3月には横浜京急バス追浜営業所が

横浜京急バスの小型ノンステップバス。京急の小型路線車は所属会社にかかわらず、夜行高速バスに採用されている、白地に赤・朱・青の3色が波を描くデザインをまとう

開設され、8月に全路線の運行を横浜京急バスが受託した。さらに、2005（平成17）年3月には能見台《のうけんだい》営業所の一部路線の運行も受託。9月には横浜京急バス能見台営業所が開設され、全路線の運行を受託している。したがって、現在は杉田、能見台、追浜の3営業所体制。

従業員数292人、路線バス営業キロ62・23km、自社の路線バス車両11台、受託車両165台となっている。

自社路線は引き続き上大岡線のみだが、受託路線は横浜市から横須賀市にかけての広いエリアをカバー。横浜駅東口～杉田平和町間の横浜線と磯子駅～追浜車庫前の磯子線は、横浜市交通局との相互乗り入れにより、戦後まもなく運行開始した伝統路線である。

横浜京急バスの一般路線車はいすゞ製の大型と日野製の小型が中心。貸切車として、リムジンバス用に特注された超長尺ワンステップバスが1台ある。受託車両では、日産ディーゼル製の大型車が在籍。さらに、横浜市内～羽田空港間のリムジンバスと横浜駅発着の高速バスも運行受託しているため、三菱ふそう・日野製の高速バス車両も管理している。

横浜京急バスの契約輸送用貸切車。もともとは横浜～羽田間リムジンバスに使用されていた超長尺のワンステップバスである

湘南京急バス【京急グループ】

◆横須賀市東部と鎌倉市を中心に路線を展開

湘南京急バスは2000（平成12）年12月、京浜急行電鉄の100％出資により、横須賀京急バスの社名で設立された。翌年6月、京浜急行電鉄堀内営業所の敷地内に、横須賀京急バス堀内営業所を開設。観音崎線JR横須賀駅～観音崎などの移管を受けて営業を開始した。観音崎線は大正時代初めに開業し、戦後まもなく現在の運行区間となった由緒ある路線である。2002（平成14）年から京浜急行電鉄堀内営業所のその他全路線の運行を受託。2003（平成15）年に京浜急行電鉄のバス部門が京浜急行バスとして分社化された際、京浜急行電鉄の株式が移転され、京浜急行バスの子会社となっている。

湘南京急バス堀内営業所が受託運行する京浜急行バスのノンステップバス。電鉄時代の堀内には日野車が配置されていたが、現在はいすゞ車の比率も高まっている

２００６（平成18）年には社名を湘南京急バスに変更。京浜急行バス鎌倉営業所の敷地内に、湘南京急バス鎌倉営業所が開設され、名越線ＪＲ鎌倉駅～名越～新逗子駅、小坪線ＪＲ鎌倉駅～小坪～ＪＲ逗子駅などの運行を受託して営業を開始した。翌年には羽田空港リムジンバスの鎌倉・藤沢系統の運行も受託。２００８（平成20）年に京浜急行バス鎌倉営業所の全路線の運行を受託した。現在は堀内、鎌倉の２営業所体制で、従業員数２０１人、路線バス営業キロ81・61km、自社の路線バス車両10台、受託車両92台となっている。

　湘南京急バスの一般路線車はいすゞ・日野が主力である。受託車両も堀内はいすゞ・日野が中心であるが、鎌倉では日産ディーゼル車の存在もめだつ。鎌倉管内に狭隘路が多く、中型車尺の大型車や中型車幅のロングタイプなど、走破性の良い日産ディーゼル車が使用されているためである。羽田空港リムジンバスも、大船系統の経路上に高さ制限があるため、ハイデッカーが使用できず、日産ディーゼル製の車高の低い車種が活躍している。

湘南京急バス鎌倉営業所が受託運行する中型車尺の大型ワンステップバス。狭隘路の走破性に優れた車両で、鎌倉と逗子で活躍する

京成バス【京成グループ】

◆幕張新都心で一般路線初の連節バスを運行

京成バスは京成電鉄が100％出資する子会社。京成電鉄のバス部門は、1995（平成7）年から地域ごとの分社化が進められた。そして1999（平成11）年1月には同社が設立され、2003（平成15）年10月から電鉄本体のバス事業すべてを引き継いだ。

その結果、現在の路線は東京都葛飾区から千葉県八千代市にかけての京成本線沿線、および京成千葉線が延びる千葉市域に広がる。本社は千葉県市川市に置かれ、営業所は都内に江戸川、金町、奥戸の3か所、千葉県内に松戸、市川、新都心、長沼、千葉、新習志野高速の6か所。このうち奥戸営業所はコミュニティバスと高速

京成バス千葉営業所に配置されたいすゞ製の最新鋭ノンステップバス。白地に赤帯、窓まわりが藍色のカラーデザインは60年以上続くが、近年、藍色部分が少し明るくなった

バス・空港連絡バス、新習志野高速営業所は高速バス・空港連絡バスと貸切バス・特定バスのみ担当している。従業員数1590人、路線バス営業キロ3156・8㎞、路線バス車両数790台である。

京成電鉄の前身にあたる京成電気軌道は、昭和初期、自社の軌道沿線で営業していた千葉県内の小規模事業者を買収。京成乗合自動車を設立した。京成電気軌道自身は都内のバス事業者を買収し、路線バスを直営。のちに京成乗合自動車も吸収して直営とする。その後も軌道沿線のバス事業者買収は続き、戦時統合で成東自動車などを合併している。

終戦間近の1945（昭和20）年6月、社名を京成電鉄に変更。1960年代以降は、急速にベッドタウン化が進んだ千葉県内の路線を拡充していく。1983（昭和58）年に「東京ディズニーランド®」がオープンすると、上野駅からのアクセス路線で初めて高速バス事業に参入。以後、ディズニーリゾート®と成田空港から各地へ、都内から東関東自動車道経由で鹿島神宮・銚子方面へ、都内からアクアライン経由で房総半島へと路線を延ばしていく。やがてJR京葉線が全通すると、ディズニーアクセスの需要はやや減少したものの、

東京駅丸の内口を走る京成電鉄のボンネットバス。京成電鉄は1947（昭和22）年、東京都交通局との相互乗り入れにより、市川駅～東京駅間の路線を運行開始した

幕張海浜地区に新都心が誕生。ＪＲ総武線・京葉線と新都心を結ぶアクセスニーズに応えて１９９８（平成10）年、国内の一般路線で初めてとなる連節バスを導入している。

この連節バスはスウェーデン・ボルボ製のシャーシに富士重工製のボディを架装したもので、つくば科学万博シャトルとして貸切免許で運行された車両と同じタイプ。２０１０（平成22）年にはメルセデス・ベンツ製のノンステップ連節バスに置き換えられた。

一般路線車はいすゞ・日野・三菱ふそうの３メーカーを採用しており、松戸には三菱ふそう、

ワンマン車とツーマン車が混在する1967（昭和42）年の市川駅前。1960年代は千葉県下のベッドタウン化が急速に進んだ

1998（平成10）年に幕張新都心に投入された全国初の一般路線用連節バス。ボルボ製のシャーシに富士重工製ボディを架装したものだった

市川にはいすゞ、新都心には日野というように、営業所ごとに中心となる車種が決められている。都内には大型ノンステップバス、千葉県内には大型ノンステップバスとワンステップバスが主に配置されており、通勤通学路線ではかつての3扉車に代わり、広幅4枚折中扉の長尺ワンステップバスも活躍している。高速バスは都内がいすゞ、千葉県内が三菱ふそう中心となっている。

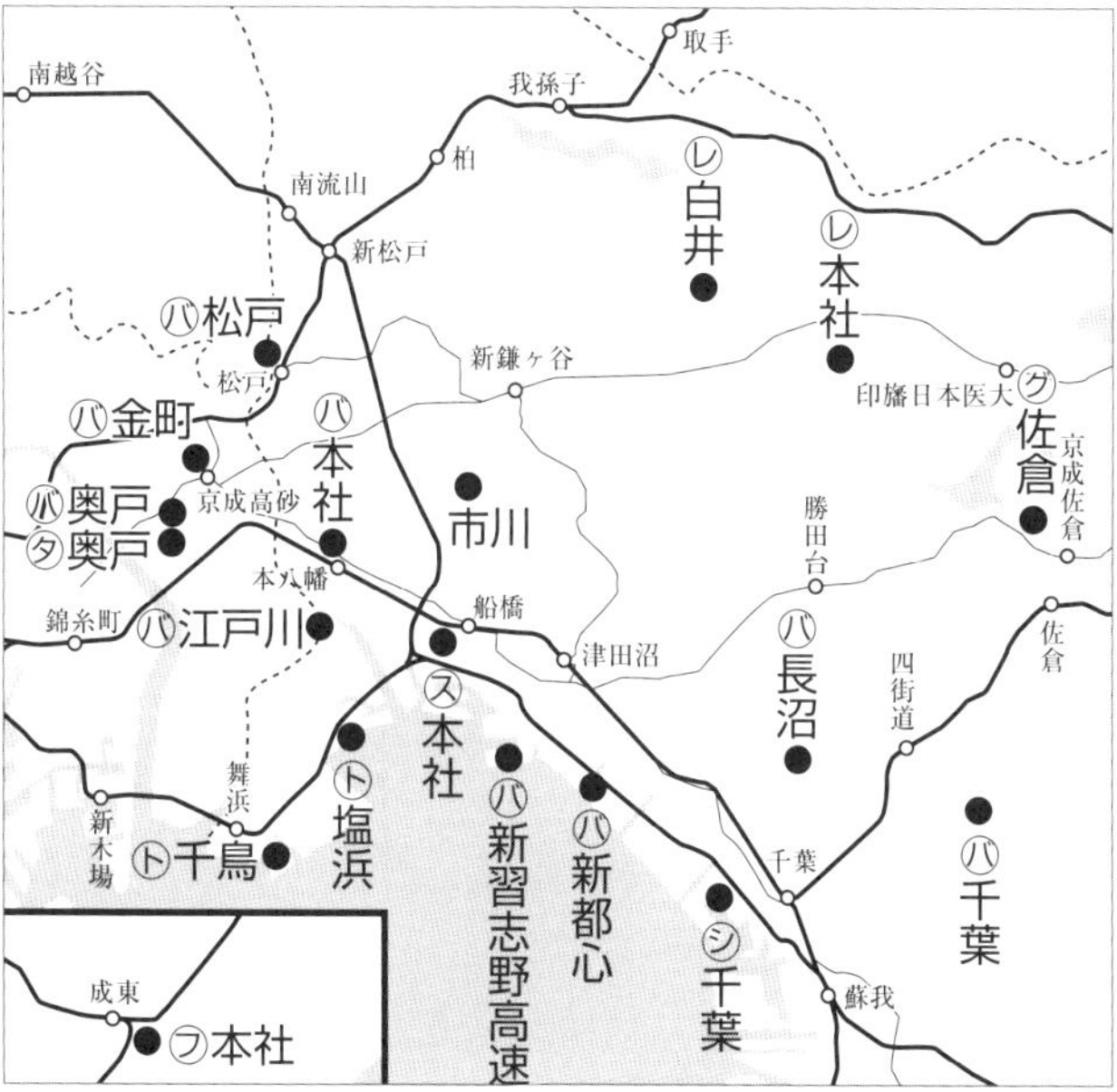

●：京成電鉄系8社の営業所分布図(Ⓟ：京成バス／Ⓣ：京成タウンバス／Ⓛ：ちばレインボーバス／Ⓕ：ちばフラワーバス／Ⓖ：ちばグリーンバス／Ⓢ：ちばシティバス／Ⓣ：京成トランジットバス／Ⓢ：京成バスシステム／o：駅)

京成タウンバス【京成グループ】

◆葛飾区を中心に積極的に営業

京成タウンバスは1999（平成11）年2月、京成電鉄の子会社として設立された。京成電鉄自動車部奥戸営業所第二車庫を、京成タウンバス奥戸営業所として開設。京成電鉄奥戸営業所・金町営業所から7系統が移管され、2001（平成13）年2月に営業をスタートした。同年8月には金町営業所からさらに2系統を引き継ぎ、葛飾区内の路線を拡充していく。

2002（平成14）年10月の三郷線〈金02〉系統開業以降は、積極的に路線の新設を行っていく。この三郷線はマイスカイ交通との共同運行で金町駅と三郷駅を結び、初めて埼玉県に進出したもの。2005（平成17）年にはつくばエクスプレス開業に伴う経路変更を行っている。2006（平成18）年には白鳥線〈有70〉金町駅〜ウェルピアかつしか間を運行開始。2012（平成24）年には新タワー線〈新小59〉新小岩駅〜浅草寿町間を開業し、急行運転でスカイツリーにアクセスした。さらに、2014（平成26）年には新金線〈新金01〉新小岩駅

京成タウンバス最新鋭のいすゞ製大型ノンステップバス。京成タウンバスはアイボリーホワイトのボディに、パステルカラーで社名のアルファベットを並べたデザイン

〜金町駅間、2016（平成28）年には亀有綾瀬線〈綾01〉綾瀬駅〜亀有駅間、慈恵線〈有02〉亀有駅〜慈恵医大葛飾医療センター間を相次いで運行開始している。

現在の従業員数は121人、路線バス営業キロは105・3km、路線バス車両数は54台である。京成電鉄時代から奥戸にはいすゞ車が配置され、現在もそれが踏襲されている（全長7mの小型車を除く）。開業当初は京成電鉄から車両を引き継いだが、2002年から独自に新車を購入。京成バスとはまったく異なるオリジナルカラーが採用され、在来車の塗り替えも行われた。路線に狭隘路が多いため中型車が中心であるが、ノンステップバス100％を達成。2014年に新製された2台以降、携帯電話充電用のコンセントを設置している。

京成タウンバス設立時に京成電鉄から引き継ぎ、京成カラーのまま使用された中型ワンステップバス

ちばレインボーバス【京成グループ】

◆北総地区の宅地開発進展とともに成長

ちばレインボーバスは京成電鉄の子会社で、京成電鉄松戸営業所白井車庫と船橋営業所船尾車庫の路線を引き継ぎ、１９９８（平成10）年６月に営業を開始した。西船橋駅～白井車庫間の白井線、五香駅～白井車庫間の鎌ヶ谷線、津田沼駅～船尾車庫～木《き》下《おろし》駅間の神崎線は、いずれも戦前の１９２０年代に開業した由緒ある路線。しかし北総開発鉄道が開通するまでは都心までのアクセスが悪く、沿線の宅地開発はなかなか行われなかった。

現在の従業員数は１０６人、路線バス営業キロは１４４・３km、路線バス車両数は55台で、ほかに16台の特定バスを所有してスクール輸送などを行っている。車両は京成電鉄時代の松戸＝三菱ふそう、船橋＝日野の名残で、いまもこの２メーカーが中心である。

ちばレインボーバスの三菱ふそう製大型ノンステップバス。ちばレインボーバスは上半が白、下半が水色で、社名のとおり虹をイメージさせる３色の曲線をあしらったデザイン

ちばフラワーバス【京成グループ】

◆成東を拠点に特急バスや高速バスも営業

ちばフラワーバスは京成電鉄の子会社。京成の地域分社では最も早い1995（平成7）年4月、京成電鉄成東営業所から千葉線、千葉特急線、海岸線、八街《やちまた》線、武射田《むざた》線の移管を受けて営業開始した。このうち、千葉特急線「フラワーライナー」は千葉東金道路経由で成東車庫～千葉駅間を結び、1987（昭和62）年に開業した人気路線。フラワーバスではこれを東関東自動車道に延長する形で、高速バス東京線「シーサイドライナー」も運行開始した。

現在の従業員数は99人、路線バス営業キロは202・03km、路線バス車両数は44台である。車両は電鉄時代から日野が中心で、現在も日野車がメインとなっている。一般路線車は全車低床タイプとなっている。千葉特急線にはトップドアタイプが使用されている。

ちばフラワーバスの日野製大型ノンステップバス。ちばフラワーバスはアイボリーホワイトをベースとして、下半の中扉より前を黄緑色、後ろを黄色としたカラーリング

ちばグリーンバス【京成グループ】

◆佐倉市周辺路線と東京駅直結通勤高速バスを営業

ちばグリーンバスは京成電鉄の子会社で、京成電鉄佐倉営業所田町車庫の路線を引き継ぎ、２０００(平成12)年7月に営業を開始した。エリア内各駅の中心市街地は比較的小さく、畑の広がるのどかな沿線風景が見られる。一方で、ニュータウンや工業団地の建設も行われていることから、市街地路線の新設を行ってきた。またニュータウンと東京駅を直結する「マイタウン・ダイレクト高速バス」の運行も開始している。

現在の従業員数は91人、路線バス営業キロは３１０・69km、路線バス車両数は47台である。車両は電鉄時代からいすゞが中心で、かつては団地路線で長尺３扉車も活躍していた。現在は大型・中型ノンステップバスを主力としている。

ちばグリーンバス最新鋭のいすゞ製大型ノンステップバス。ちばグリーンバスはアイボリーホワイトをベースに、グリーンとブルーの曲線をあしらったデザインである

ちばシティバス【京成グループ】

◆千葉市臨海地区の路線と高速バスを拡充

ちばシティバスは京成電鉄の子会社で、京成電鉄千葉営業所新宿車庫の公務員住宅線と幸町団地線を引き継ぎ、2000（平成12）年1月に営業を開始した。その後も京成バスからの路線移管は続き、新路線の開拓も行うなど、千葉市内の臨海地域を中心に路線を拡充している。また千葉中央駅・海浜幕張駅と成田空港・羽田空港を結ぶ高速バスを運行しているほか、京成バスから千葉～館山間の高速バス「南総里見号」の移管を受けている。

2008（平成20）年に本社・営業所を美浜区新港に移転。現在の従業員数は91人、路線バス営業キロは315・87km、路線バス車両数は53台である。電鉄時代の車両はいすゞが中心だったが、現在はいすゞ・日野・三菱ふそうの3メーカーが使用されている。

ちばシティバス最新鋭のいすゞ製大型ノンステップバス。ちばシティバスは当初、ピンク色のデザインを採用したが、現在は明るいブルーをベースにしたカラーとなっている

京成トランジットバス【京成グループ】

◆浦安市の路線とディズニー関連輸送が使命

京成トランジットバスは、京成電鉄とオリエンタルランド（東京ディズニーリゾート®の運営会社）の出資により、1999（平成11）年2月に設立された。当初はディズニーリゾート®のゲスト輸送などを貸切バス事業で行っていたが、2001（平成13）年9月、京成電鉄市川営業所八幡車庫所管の浦安方面の2路線を引き継ぎ、路線バス事業を開始した。このとき、市川方面の2路線は京成グループのタクシー会社・市川自動車交通に移管されたが、同社がタクシー専業に戻ったため、現在はこの2路線も京成トランジットバスが運行している。

従業員数251人、路線バス営業キロ51・018kmで、車両数134台のうち路線バスは40台のみ。営業所は塩浜と千鳥町で、路線バス車両はすべて塩浜に配置されている。

京成トランジットバスのいすゞ製大型ワンステップバス。京成トランジットバスはボルドーをベースに、黄色で社名を記したデザイン。最新車両には大きな曲線もあしらわれた

京成バスシステム【京成グループ】

◈船橋市内の路線と格安高速バスを運行

京成バスシステムは京成電鉄と京成バスの子会社である。京成バスから貸切バス・特定バス事業の移管を受け、船橋営業所花輪車庫の敷地内に本社営業所を開設。2005（平成17）年11月に営業を開始した。続いて路線バス事業にも参入。花輪車庫から順次、臨港線、市内線、東船橋線、柏井線を引き継ぎ、新たに津田沼ららぽーと線も運行開始した。この間、2012（平成24）年には本社を船橋市栄町に新築移転。また同年、京成バスなどとともに、東京駅〜成田空港間にLCC対応の「東京シャトル」を開業した。

従業員数115人、路線バス営業キロ38・47km、車両数72台のうち路線バスは23台。京成バスからの移籍車が比較的多く、いすゞ・日野・三菱ふそうが混在している。

京成バスシステムの中型車幅・ロングタイプの日野製ノンステップバス。同社の一般路線車は京成バスから移籍したもの

東武バス【東武グループ】

◈東武バス運行4社を統括・管理

東武鉄道は戦前、自社の鉄道沿線のバス事業者を統合。都内から日光・水上に至る広大な路線網を形成した。しかし1980年代に入り、北関東を中心に利用者は激減。東武グループのバス・タクシー事業者による〝肩代わり〟が行われた。さらに2002（平成14）年1月、鉄道本体に残ったバス事業の管理会社として東武バスを設立。実際の運行は後述するエリアごとの4社が行う形となった。

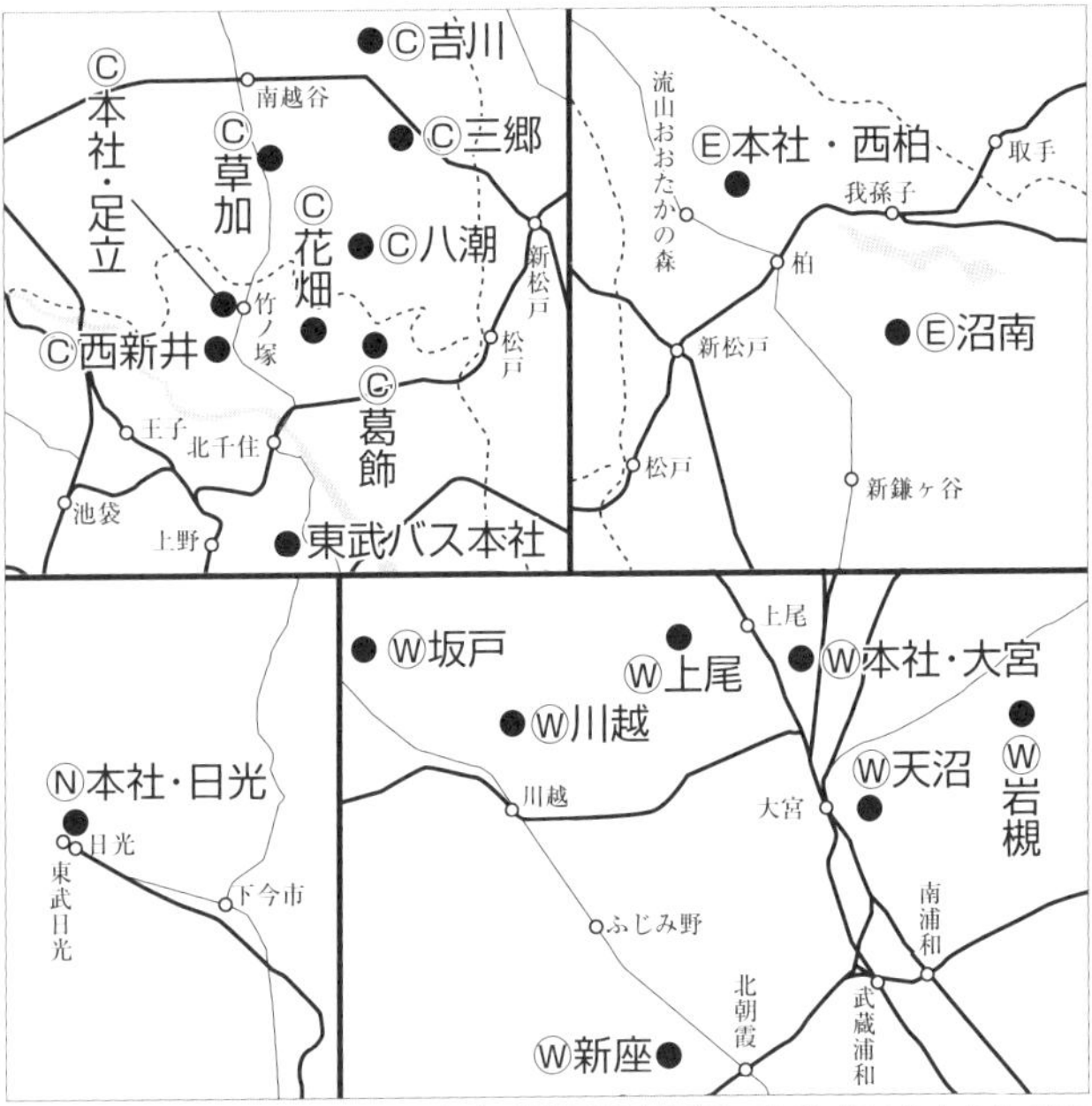

●：東武バス運行4社の営業事務所・営業所分布図（Ⓒ：東武バスセントラル／Ⓦ：東武バスウエスト／Ⓔ：東武バスイースト／Ⓝ：東武バス日光／○：駅）

東武バスセントラル【東武グループ】

◈「スカイツリーシャトル」の中心事業者

東武バスセントラルは２００２（平成14）年４月に設立された。東武鉄道のバス路線のうち都内と埼玉県南東部を引き継ぎ、同年10月から営業を開始した。都内に足立（西新井、葛飾、花畑）、埼玉県内に草加（八潮、三郷、吉川）の営業事務所（営業所）を持ち、本社機能は足立に置かれている。従業員数５３８人、路線バス営業キロ１２０１・78km、路線バス車両数２９４台となっている。

東武バスセントラル管内路線の歴史は１９３５（昭和10）年６月、東武鉄道が草加～千住線を買収したことに始まる。以後、戦前のうちに草加・北千住を起点とする路線を延ばしていく。戦後は

東武バスセントラル足立営業事務所に所属するいすゞ製CNGノンステップバス。東武バスのCNGノンステップバスはセントラルの足立とウエストの坂戸に配置されている

東京都営自動車との相互乗り入れで草加駅～東京駅間、国際興業との共同運行で草加駅～川口駅間を運行開始。野田～南千住間急行バスも開業し、のちに東京駅まで延長している。都心乗り入れ路線は1970年代に廃止されるが、代わって沿線の宅地開発に伴い、吉川・三郷・八潮地区などで団地路線が拡充されていく。1988（昭和63）年に初めての高速バスとなる東京～いわき線を開業。2000年代に入ると、新越谷～羽田空港・成田空港間、北千住～羽田空港間のリムジンバス、新越谷～郡山間を開業していく。さらに2012（平成24）年の東京スカイツリー®誕生により、上野駅・東京駅・東京ディズニーリゾート®・羽田空港から「スカイツリーシャトル」を運行開始した。

東武バスセントラルのエリアでは東武鉄道時代、草加・八潮に日野車、その他の営業所にいすゞ車が配置されており、現在も基本的にはこれが踏襲されている。「スカイツリーシャトル」の上野駅ルートには、特注の天窓つき中型ノンステップバスも使用されている。

「スカイツリーシャトル」専用の天窓つき中型ノンステップバス。スカイブルーのボディに大きなツリーが描かれている

東武バスウエスト【東武グループ】

◈埼玉県央を拠点に小江戸めぐりバスも運行

東武バスウエストは２００２（平成14）年４月に設立された。東武鉄道のバス路線のうちＪＲ京浜東北線・高崎線・東武東上線の各駅に発着する路線を引き継ぎ、同年10月から営業を開始した。大宮（岩槻、天沼、上尾）、川越（坂戸）、新座に営業事務所（営業所）を持ち、本社機能は大宮に置かれている。従業員数５２３人、路線バス営業キロ１３５１・４１９km、路線バス車両数３０５台となっている。

東武バスウエストの路線の歴史は１９３４（昭和９）年４月、東武鉄道が川越地区の事業者を買収し、同社初のバス路線として開業した川越西町〜梅園・神明町・高坂間に始まる。翌年には川越

東武バスウエスト川越営業事務所に配置された日野製ハイブリッドノンステップバス。東武バスウエストの大宮地区では、2000年代中盤まで3扉車が活躍していた

～成増線を運行開始して都内に乗り入れ。戦前のうちに上尾地区と大宮地区にも路線を広げた。戦後は桐生～大宮間と足利～大宮間の急行バスを開業。これは1970年代に廃止されるが、沿線に団地の建設や工場の移転などが進んだため、これらと駅を結ぶ通勤通学路線が拡充されていく。1989（平成元）年に初めての空港連絡バスとなる大宮～成田空港線を国際興業・西武バスなどとともに開業。2000年代に入ると、坂戸・川越～成田空港間、ふじみ野・新座～羽田空港・成田空港間のリムジンバスのほか、川越・大宮～東京ディズニーリゾート®間、志木・和光市～東京スカイツリータウン®間の高速バスを開業する。川越市内では「小江戸名所めぐりバス」の運行も開始した。

　東武バスウエストのエリアでは東武鉄道時代、新座のみいすゞ車、その他の営業所には日野車が配置されており、現在でも日野車の比率が高い。「小江戸名所めぐりバス」には2016（平成28）年、2代目車両として天窓つき中型ノンステップバスが導入された。

1995（平成7）年式の日野製ワンステップバス。3扉車に代わって大宮地区に配置された4枚折戸の中扉装備車である

東武バスイースト【東武グループ】

◆柏市を中心に常磐線・TXへアクセス

東武バスイーストは2002（平成14）年4月に設立された。東武鉄道のバス路線のうち柏市を中心とする千葉県内のエリアを引き継ぎ、同年10月から営業を開始した。西柏に本社機能と営業事務所、沼南《しょうなん》に営業所が置かれている。西柏管内には野田出張所もあったが、こちらは茨城急行自動車が〝肩代わり〟を行った。従業員数267人、路線バス営業キロ495.306km、路線バス車両数136台である。

東武バスイーストの路線は戦前、総武鉄道によって運行されていた。同社は現在の東武アーバンパークラインにあたる大宮～柏～船橋間を1930（昭和5）年に全通させ、1935

東武バスイースト最新鋭のいすゞ製大型ノンステップバス。東武鉄道時代のイーストエリアは西柏＝いすゞ、沼南＝日野と車種が分かれていたが、現在はいすゞが中心。東京・埼玉・千葉の東武バス3社は、オレンジとクリームのボディカラーである

（昭和10）年以降、沿線バス事業者を買収してバス路線を延ばしていった。しかし戦時統合により東武鉄道に合併され、バス路線は東武自動車に引き継がれた。その規模は営業キロ約160km、車両数53台に及び、柏発着路線と野田発着路線のほか、いまはセントラルが運行する竹の塚～安行間、ウエストが運行する大宮～浦和間なども含まれていた。

戦後は東武鉄道によって柏～流山～草加線を開業。1970年代以降は宅地開発や工場移転などが相次ぎ、柏市域の路線網が拡充された。2001（平成13）年に東京駅～江戸川台間の高速バスを開業するが、つくばエクスプレスの開通により5年後に廃止。2003（平成15）年には柏～羽田空港間のリムジンバスを運行開始した。なお、つくばエクスプレスの開通は一般路線にも大きな影響を与え、大規模な路線再編が行われている。

東武バスイーストのエリアでは東武鉄道時代、西柏にいすゞ車、沼南に日野車が配置されていた。分社後はいすゞ車を中心に増備されている。

1994（平成6）年式のいすゞ製ツーステップバス。当時のいすゞ車は富士ボディで、多区間運賃エリアは前後扉だった

東武バス日光【東武グループ】

◆世界遺産の二社一寺と奥日光への足

東武バス日光は2002（平成14）年4月に設立された。東武バス日光は東武鉄道日光営業所から、JR・東武日光駅～中禅寺温泉～湯元温泉間を中心とした路線を引き継ぎ、同年10月から営業を開始した。日光管内には鬼怒川出張所もあったが、こちらは東武ダイヤルバスを経て日光交通が〝肩代わり〟を行った。路線エリアは本書の収録範囲外の栃木県だが、もとは東武鉄道路線という歴史的経緯から紹介することにした。

従業員数37人、路線バス営業キロ179・77km、路線バス車両数21台で、車両は2人掛けシートの観光タイプが中心。他の東武バス運行3社から元高速車や元深夜急行車も転入している。「世界遺産めぐり」循環バスには、天窓つき中型ノンステップバスも使用されている。

東武バス日光のいすゞ製大型ワンステップバス。日光地区には高速バスタイプの車両が採用されてきたが、近年は“ワンロマ車”によってバリアフリー化が進められている

立川バス【小田急グループ】

◆立川を拠点にし「リラックマバス」が人気

立川バスは小田急グループの事業者であり、小田急バスも出資していることから、路線バスのボディカラーは小田急バスと同じ。1960年代まで「犬マーク」も取り付けられていた。本社を東京都立川市に置き、上水《じょうすい》、拝島、瑞穂、曙に営業所を構える。従業員数509人、路線バス営業キロ274・6km、路線バス車両数220台となっている。

立川バスの前身は1929（昭和4）年に設立された立川自動車運輸。立川～箱根ヶ崎間、立川～拝島大師間で開業したものの、経営は厳しく、五日市鉄道の子会社となる。やがて五日市鉄道は南部鉄道の傘下に入り、戦時中、国に買収されて

立川バス上水営業所のいすゞ製大型ノンステップバス。小田急バスと同じ白地に赤いラインのボディカラーは、小田急バスより1年遅い1954（昭和29）年に採用された

国鉄五日市線となる。立川自動車は1947（昭和22）年3月、社名を立川バスに変更。1954（昭和29）年には小田急電鉄の傘下に入り、路線を拡大した。1960〜70年代には沿線の宅地開発が急激に加速。多くの団地路線が開設され、ほぼ現在の路線網が完成する。1981（昭和56）年には武蔵村山市の市内循環バスの運行を受託。これは現在で言うコミュニティバスの先駆け的存在と言える。2000年代には昭島市、立川市、国立市、国分寺市でコミュニティバスの運行を受託した。また1980年代には米軍横田基地のスクールバスの運行も受託。基地内に横田営業所を設けて取り組んだ輸送は、およそ30年にわたり続けられた。

1990年代には空港連絡バス・都市間高速バスの運行を開始。玉川上水・立川〜成田空港間を皮切りに、玉川上水・立川〜神戸間、拝島営業所・立川〜羽田空港間を開業していく。2000年代に入ると、路線に合わせた効率的な運営を目的にシティバス立川を設立。拝島営業所の2路線を移管したのち、高速バス3路線も同社が担当することとなった。このうち神戸線からは撤退したものの、新たに昭島・立川〜飯田間を開業している。

側面に犬マークがついている1960年代のワンマンバス。立川バスのワンマン車は1970年代から90年代まで前後扉を採用

瑞穂営業所に配置された三菱ふそう製ノンステップバス。2007（平成19）年の登場以来、人気の「リラックマバス」の最新バージョン

立川バスの一般路線用車両は三菱ふそう車といすゞ車で、コミュニティバス用として日野車も使用されている。１９９０年代までは、都内では珍しい前後扉仕様だったが、現在は標準的な大型ノンステップバス・ワンステップバスと中型ノンステップバスがほとんどを占める。２００７（平成19）年に登場した「リラックマバス」は、女性や子どもたちを中心に話題となってその後も増備。関連グッズなども販売されるほどの人気者である。

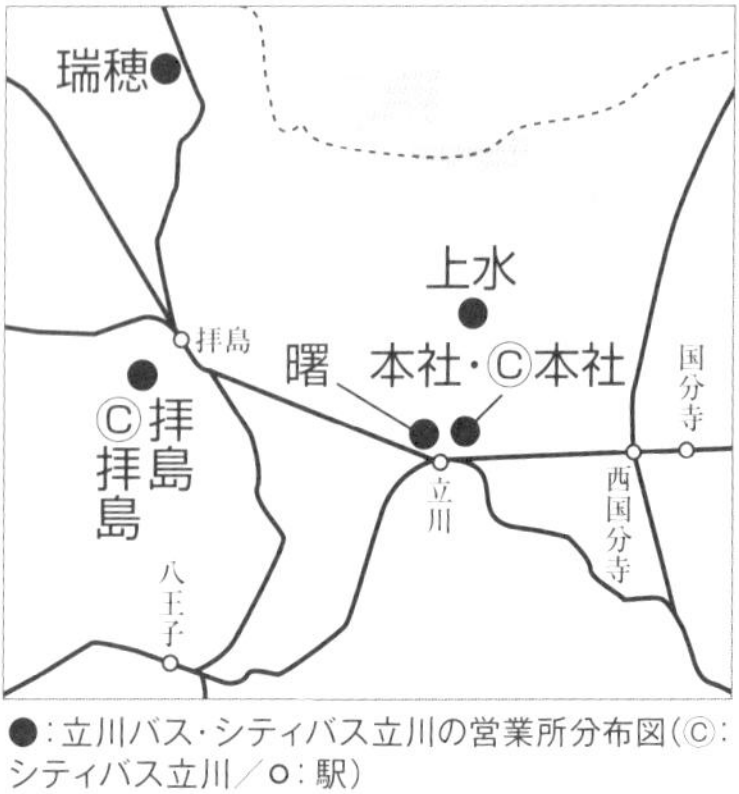

●：立川バス・シティバス立川の営業所分布図（Ⓒ：シティバス立川／○：駅）

シティバス立川【小田急グループ】

◈拝島地区の一般路線と高速バスを担当

シティバス立川は２０００（平成12）年4月に設立された。立川バス拝島営業所の敷地内に、シティバス立川の拝島営業所を開設。２路線の移管を受けて同年10月に営業を開始した。その後、立川バス路線の運行委託も受けており、この中には路線長21・６kmの〈立70〉立川駅〜三井アウトレットパーク入間間も含まれる。また、空港連絡バス・都市間高速バスも同社が担当する。

現在の従業員数は１２１人、路線バス営業キロ５８８・40km、路線バス車両数17台で、一般路線用はいすゞ・三菱ふそう、高速用は三菱ふそう・日野である。なお、小田急電鉄と神奈川中央交通からも出資を受けており、立川バスの１００％子会社ではない。

シティバス立川の大型ノンステップバス。日産ディーゼルからOEM供給された三菱ふそう車で、同型車は立川バスにも在籍する

西東京バス【京王グループ】

◆八王子から都県境の山間部に路線網

西東京バスは京王グループの事業者である。路線は八王子市内を中心として、ＪＲ五日市線・青梅線沿線、さらに西側の山間部へと延びており、一部は山梨県にも乗り入れている。本社を八王子市に置き、営業所（車庫）を楢原（中野学園）、五日市（氷川）、青梅、恩方《おんがた》に設置。このうち中野学園車庫は、スクールバスだけを運行している。従業員数８３６人、路線バス営業キロ４６９・８３７km、路線バス車両数２７７台となっている。

西東京バスの前身にあたる奥多摩振興は青梅電気鉄道の関連会社で、奥多摩の観光開発を目的として、１９２８（昭和３）年に設立された。

西東京バス楢原営業所に配置された最新鋭のいすゞ製ノンステップバス。クリームイエローで窓まわりがオレンジのカラーリングは、1970年代までの京王バスと同じである

青梅電気鉄道は昭和初期、沿線バス事業者を買収して路線を拡大。戦時中、鉄道事業が国に買収されて国鉄青梅線となると、バス事業を奥多摩振興に譲渡した。奥多摩振興は戦後、山梨県に乗り入れるとともに、小河内《おごうち》ダムへの観光輸送を目的に、東京都交通局と新宿〜奥多摩駅間、立川バスと立川〜小河内ダム間の急行バスを開業。1956（昭和31）年に京王帝都電鉄の傘下に入った。

一方、1916（大正5）年に八王子〜高尾山下間で路線バスを開業した角喜タクシーは、まもなく高尾自動車と改称。戦後は八王子市内の路線を拡充し、1955（昭和30）年に京王の傘下に入る。また1920（大正9）年に五日市〜八王子間で路線バスを開業した石川自動車は、まもなく五王自動車と改称。戦後は秋川沿いに路線を延ばし、1961（昭和36）年に京王の傘下に入った。京王はバス事業を効率的に営むため、3社の合併を決定。1963（昭和38）年8月に奥多摩振興を西東京バスと改め、同年10月に高尾自動車と五王自動車を合併した。こうして現在の西東京バスの路線エリアができあがった。

1970年代の五日市営業所と日野製ワンマンバス。営業所はJR武蔵五日市駅が高架化されたのち、駅前西側の現在地に移転した

1970年代以降は八王子市内のベッドタウン化が急速に進行。大学や高校の移転・新設も相次ぎ、通勤通学輸送主体の都市型事業者へと変貌する。一方で、創立20周年を前にした1982（昭和57）年から四半世紀、ボンネットバス「夕やけ小やけ号」を八王子〜陣馬高原下間に運行。西東京バスの象徴的存在となった。1990年代には八王子を起点とする夜行高速バスを各地へ運行し、のちに新宿発着の京王バス路線の移管も受けた。1999（平成11）年には子会社の多摩バスを設立し、青梅営業所管内の路線を移管したが、西東京バス本体のコスト削減が進んだ2008（平成20）年、同社を統合している。

西東京バスの車両は日野・いすゞ製の大型ノンステップバスが主力で、狭隘路線や閑散路線では中型ノンステップバスも活躍。高速

1982（昭和57）年から運行されたボンネットバス。「夕やけ小やけ号」と名づけられ、西東京バスの顔となったが、排ガス規制などの関係から2007（平成19）年に運行を終了した

バスは日野製のハイデッカーが中心となっている。

2015（平成27）年、デザインに同社のイメージキャラクターをあしらった「にしちゅんバス」が登場。携帯電話充電用のコンセントを設置した。これが好評だったため、2016（平成28）年にはすべての新車にコンセントとUSB端子を設置している。

車内に携帯電話充電用のコンセントを備えた「にしちゅんバス」

●：西東京バスの営業所・車庫（○：駅）

神奈川中央交通【小田急グループ】

◆神奈川県のほぼ全域と町田・多摩地区をカバー

神奈川中央交通は神奈川県平塚市に本社を置く小田急グループのバス事業者である。明治末期に初めて路線バスが走った神奈川県内では、大正時代に入り、各地で路線バスの開業が相次いだ。1921（大正10）年6月には横浜市大岡町で相武自動車が創業。鎌倉、戸塚、藤沢へと路線を延ばした。昭和に入ると小規模事業者の自主統合が始まり、相武自動車は横浜市西部を統合して相武鶴屋自動車と改称。さらに中央相武自動車を合併して東海道乗合自動車と社名を改めた。同じように、相模地区では藤沢自動車、西相地区では伊勢原自動車がエリア内をほぼ集約。戦時統合により東京横浜電鉄が東海道乗合自動車、藤沢自動車、

神奈川中央交通最新鋭の三菱ふそう製大型ノンステップバス。ベージュのボディで、裾に赤、帯にオレンジを配したカラーリングは、1987（昭和62）年から直線的に変更された

伊勢原自動車の経営に参加する。そして1944（昭和19）年5月、東海道乗合自動車が藤沢自動車と伊勢原自動車を合併し、神奈川中央乗合自動車が誕生した。

戦後〝大東急〟が分割されると、神奈川中央乗合自動車は小田急電鉄の傘下に入る。1951（昭和26）年には社名を神奈川中央交通と改称。沿線の発展はめざましく、宅地開発や企業移転、大学の移転・新設などが四半世紀以上続き、1980年代まで神奈川中央交通の輸送人員は増加を続ける。しかしバブル崩壊の影響などもあり、1990年代に入ると乗客は減少。営業を縮小した箱根登山鉄道のバス路線移管を受け、秦野営業所内に設立した湘南神奈交バスに、神奈川中央交通の一部路線も移管・運行委託した。続いて津久井神奈交バス、横浜神奈交バス、相模神奈交バス、藤沢神奈交バスが相次いで営業を開始。貸切バス

神奈川中央乗合自動車が誕生した1951（昭和26）年の平塚営業所。キャブオーバーの乗合バスはすでに現在と同じカラーをまとっている

も神奈中ハイヤーを経て、神奈中観光（旧・神奈川県観光）へ譲渡した。

神奈川中央交通の2016（平成28）年12月末時点の従業員数は2491人、路線バス営業キロは2361km。貸切・特定を含めた車両数2089台は日本一の規模である。

2017（平成29）年1月、エリア特性に応じた事業環境を考慮し、6社の路線バス事業を3社体制へと再編成。神奈川中央交通、神奈川中央交通東、神奈川中央交通西として新たなスタートを切った。新生・神奈川中央交通は横浜、舞岡、戸塚、中山、茅ヶ崎、伊勢原、厚木、相模原、大和、綾瀬、町田、多摩の12営業所体制となっている。

三菱ふそうの販売会社を系列に持つことから、車両は三菱車がおよそ9割。1980年代に

1987（昭和62）年式のちびっ子ギャラリーバス「カナちゃん号」。2001（平成13）年には2代目の車両も登場している

2012（平成24）年に町田地区に投入された都内初の連節バス。神奈中では連節バスに「ツインライナー」と名づけている

は沿線児童の絵を飾ったちびっ子ギャラリーバス「カナちゃん号」、1990年代にはハイバックシートを備えた貸切兼用車「スヌーピーバス」をデビューさせて人気を集めた。現在はワンステップバスが主力であるが、横浜市内や都内を中心に多数のノンステップバスも活躍する。2005(平成17)年には湘南台地区にドイツ・ネオプランの連節バス、2008(平成20)年には厚木地区、2012(平成24)年には町田地区にメルセデス・ベンツの連節バスを投入。「ツインライナー」と名づけている。

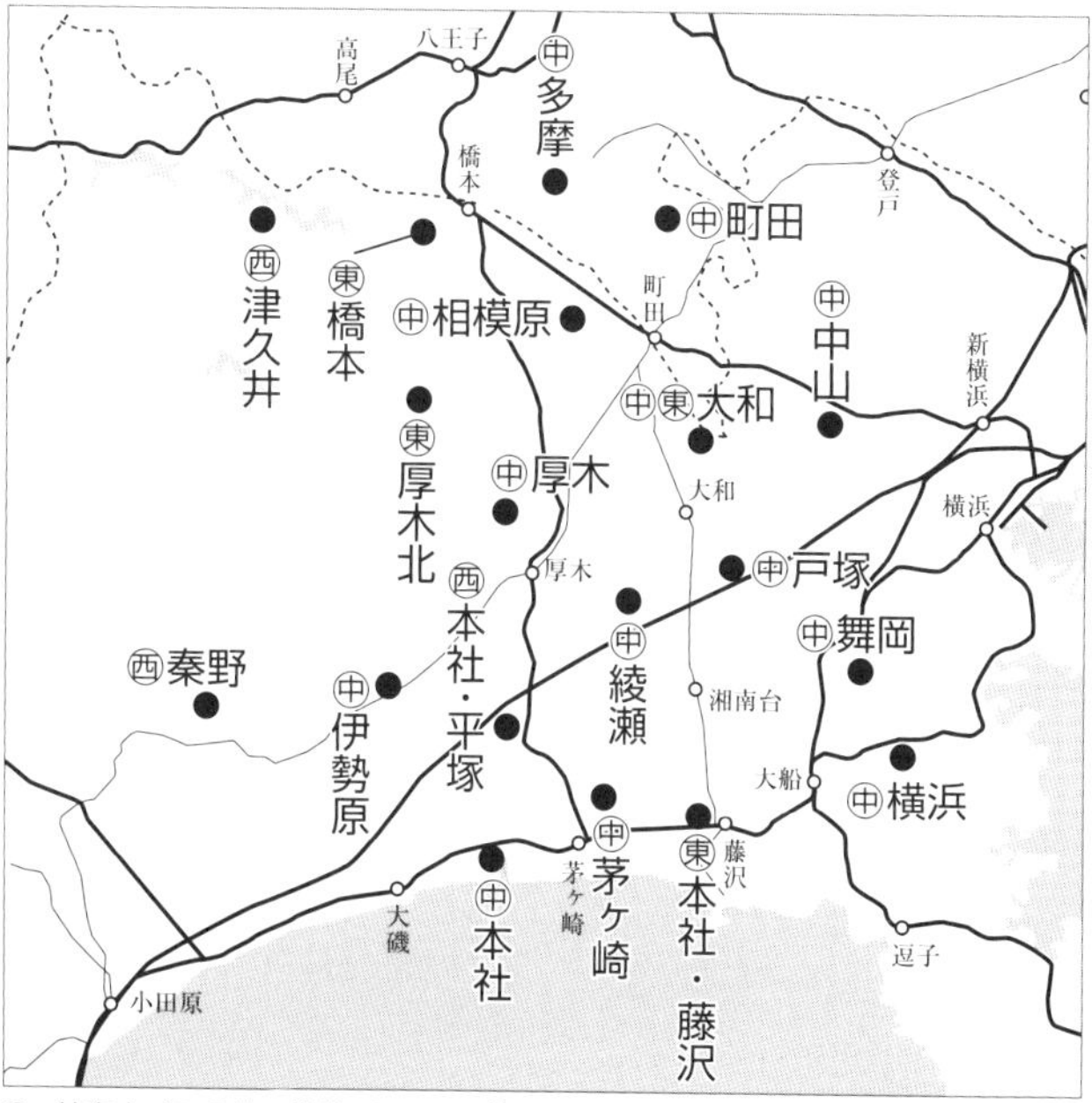

●:神奈中バス3社の営業所分布図((中):神奈川中央交通/(東):神奈川中央交通東/(西):神奈川中央交通西/o:駅)

神奈川中央交通東【小田急グループ】

◆藤沢・厚木・相模原を中心に路線を展開

神奈川中央交通東は神奈川中央交通が100％出資する子会社である。藤沢営業所と大和営業所を持つ藤沢神奈交バスが、厚木営業所、相模原営業所を持つ相模神奈交バスを吸収合併して社名を変更。神奈川中央交通茅ヶ崎営業所藤沢操車所、厚木営業所上荻野操車所、相模原営業所峡《はけ》の原操車所の担当路線も引き継いで、2017（平成29）年1月に営業を開始した。

路線は主に小田急江ノ島線沿線と厚木市北部および相模原市に広がり、戦前には藤沢自動車が営業していたエリアが中心である。橋本にはリニア中央新幹線の駅の設置も予定されており、将来は大きな発展が期待される。車両は三菱ふそうが大半となっている。

神奈川中央交通東の藤沢営業所に所属する三菱ふそう製の大型ノンステップバス

神奈川中央交通西【小田急グループ】

◆神奈川県西北部とリムジンバスの一部を担当

神奈川中央交通西は神奈川中央交通が100%出資する子会社である。秦野と平塚に営業所を持つ湘南神奈交バスが、津久井に営業所を持つ津久井神奈交バスを吸収合併して社名を変更。神奈川中央交通伊勢原営業所秦野操車所、平塚操車所、相模原営業所三ヶ木《みかげ》操車所、城山操車所の担当路線も引き継いで、2017（平成29）年1月に営業を開始した。

路線はJR東海道線の相模川以西から小田急線の鶴巻温泉～渋沢駅間にかけて、および橋本駅から相模湖にかけて広がっている。またリムジンバスの海老名～羽田空港線、田村車庫・本厚木～羽田空港線、田村車庫・本厚木～成田空港線も担当する。車両は三菱ふそうを中心に、いすゞ・日野・日産ディーゼルも活躍。日野製のハイブリッドノンステップバスも採用されている。

神奈川中央交通西の平塚営業所に所属する日野製のハイブリッドノンステップバス

はとバス

◆都内定期観光バスと都バスの一部を運行

はとバスは都内を中心とする定期観光バスを運行している。本社を東京都大田区（平和島）に置き、従業員数１０５７人、路線バス営業キロ１７９３・89km、車両数57台である。定期観光バスは貸切バスだと思われがちだが、決められた経路・時刻で運行され、不特定多数の乗客が乗り合わせるため、路線バスの仲間となっている。

はとバスの前身にあたる東京市街自動車は１９１９（大正８）年、新橋〜上野間に路線バスを開業。社名を東京乗合自動車と改め、１９２５（大正14）年には貸切定期観光バスの運行を開始した。同年には東京遊覧乗合自動車が定期観光バスを開業。まもなく東京乗合自動車が東京遊覧乗合自動車の定

2016（平成28）年式のダブルデッカー。国産ダブルデッカーの製造が打ち切られたため、スウェーデン・スカニアのシャーシにベルギー・バンホールのボディを架装した

※本文中の路線バス営業キロは一般乗合旅客自動車運送事業免許キロです。

期路線を譲受する。戦時統合により東京地下鉄道が同社を買収。さらに東京市電気局に統合されている。しかし戦局の悪化とともに、定期観光バスの運行は中止されてしまう。戦後の1948（昭和23）年8月、新日本観光が設立されて東京都から定期観光バス事業を譲受。翌年3月に都内定期観光バスの運行が再開された。バスのボディには、平和のシンボルの鳩が描かれた。

同社はその後、夜のコースや外国人向けコースも開設。江ノ島・鎌倉へのコースなども設定した。そして東京オリンピックの開催を1年後に控えた1963（昭和38）年9月、ボディのマークから定着していた〝はとバス〟の愛称を社名とした。2003（平成15）年には東京都交通局杉並支所の一部路線を受託運行。現在では計5支所の管理を受託している。定期観光バスの車両は、いすゞ製のスーパーハイデッカーや日野製のハイブリッドハイデッカー、オープントップバスを含む三菱ふそう製のダブルデッカー。さらに、2016（平成28）年にはスカニア＋バンホール製のダブルデッカーも加わっている。

2013(平成17)年に採用されたハイブリッドバス。同社のシンボルカラーの黄色に、白い鳩と地球をあしらったデザインとなっている

フジエクスプレス【富士急グループ】

◈都内コミュニティバスと横浜市営バス移管路線を運行

フジエクスプレスは富士急行が100％出資する子会社で、東京都港区に本社営業所、横浜市中区に横浜営業所を持つ。富士急行の前身にあたる富士山麓電鉄は、1953（昭和28）年に東京営業所、1965（昭和40）年に横浜営業所を開設。貸切バスの拠点とするとともに、中央ハイウェイバス開業後、東京営業所は高速バスの基地にもなった。

1995（平成7）年に横浜営業所は富士急横浜観光、1998（平成10）年に東京営業所はフジエクスプレスとして分社化され、のちにフジエクスプレスが富士急横浜観光を統合。東京では港区「ちぃばす」などの運行を受託、横浜では市営バス〈134〉系統の移管を受けている。車両数は132台で、このうち高速バスを含めた路線バス車両は約90台ある。

フジエクスプレス横浜営業所の中型ノンステップバス。横浜営業所は横浜市交通局から引き継いだ路線の運行を担当しており、車両には横浜市内の観光名所が描かれている

富士急湘南バス【富士急グループ】

◆新松田駅発着路線と昼夜行高速バスを営業

富士急湘南バスは富士急行が100%出資する子会社で、神奈川県足柄上郡松田町に本社営業所を構える。富士急行の前身にあたる富士山麓電鉄は、1939（昭和14）年に松田自動車を合併し、神奈川県に進出した。しかし1990年代以降、富士急行は地域ごとの分社化により、小回りの利く経営体制を構築。松田営業所は富士急湘南バスとして、1998（平成10）年に貸切バス、2002（平成14）年に路線バスの営業を開始した。

分社後は小田原～大阪間の夜行便「金太郎号」、河口湖駅～センター北駅間、御殿場プレミアム・アウトレット～日吉駅間など、高速バスの運行も開始している。高速バスを含む路線バス車両数は31台。日野を中心として、日産ディーゼル、三菱ふそうも使用されている。

富士急湘南バスの中型ワンステップバス。「グリーンベルト」と呼ばれる富士山をモチーフにしたデザインは、富士山麓電鉄が1954（昭和29）年に採用したものである

日の丸自動車興業

◆オープントップバスの都内周遊コースが人気

日の丸自動車興業は、都内を周遊するオープントップバス「スカイバス」、都内や横浜みなとみらい地区の水陸両用バス「スカイダック」を運行している。本社を東京都文京区に置き、従業員数３３０人、路線バス営業キロ１６０㎞、路線バス車両数12台である。「スカイバス」は、ドイツ製ダブルデッカー改造車を使用した定期観光コースである。

このほか同社では、「メトロリンク日本橋」など、東京都心を巡回する貸切認可の無料バスの運行も手がけている。これは沿線の複数の企業からスポンサーを募り、協賛収入で運行経費を賄うスタイルのもの。１９６３（昭和38）年の会社設立以来、半世紀にわたって貸切バスの営業を行ってきた同社。そのノウハウが、これらの個性的なバスの運行という形で花開いている。

真っ赤なボディで注目を集める日の丸自動車興業「スカイバス」。ドイツ・ネオプランのダブルデッカーをオープントップに改造したものである

日立自動車交通

◆都内7区のコミュニティバスを担当

日立自動車交通はタクシーやハイヤーの運行を目的として、1960(昭和35)年に東京都足立区で設立された事業者。その後、特定バス事業や福祉輸送事業に業容を拡大し、2000(平成12)年に初めての路線バス事業として、足立区コミュニティバス「はるかぜ」の運行を開始した。現在の従業員数は277人、乗合バス車両数は64台である。

同社は東京23区のうち7区でコミュニティバスを受託運行しているほか、中央区の晴海トリトンスクエアと有楽町駅・東京駅・日本橋を結ぶ自社路線「晴海ライナー」を運行している。コミュニティバスは日野・三菱ふそう製の小型ノンステップバス、自社路線は三菱ふそう製の大型ノンステップバスで運行されている。

「晴海ライナー」として活躍する日立自動車交通の三菱ふそう製大型ノンステップバス。同社オリジナルカラーだが、現在は企業ラッピングが施されている

新日本観光自動車

◆足立区コミュニティバスと夜行高速バスを運行

新日本観光自動車は1991（平成3）年に設立された東京都足立区に本社を置く事業者である。2003（平成15）年に足立区コミュニティバス「はるかぜ」の運行を開始し、路線バス事業に参入。現在は12路線となった「はるかぜ」のうち、4路線を16台の小型バスで運行する。いずれも北千住駅西口が起点で、区内西部を南北に貫く日暮里・舎人《とねり》ライナーの沿線を東西に結ぶ3路線と、駅周辺を循環する1路線。前者は北千住駅周辺の停留所の数を絞り、速達性を確保している。

なお、夜行高速バス「ジャムジャムライナー」のうち、東京と大阪や仙台を結ぶ路線の受託運行も担当している。

足立区「はるかぜ」に使用される新日本観光自動車の日野製小型ノンステップバス。白をベースに紫と灰色のウェーブ、オレンジのサークルをあしらった同社オリジナルカラー

大新東

◆京急金沢文庫駅と大型マンションを結ぶ

大新東は1962（昭和37）年に新東自動車興業として創業。企業や地方自治体が所有する自家用自動車の管理を幅広く受託した。2007（平成19）年にシダックスグループに入り、現在では全国各地で地方自治体からコミュニティバスの運行なども受託している。

そんななかで2004（平成16）年、横浜市金沢区に建設された1800戸を超える大型マンションと、最寄り駅である京急金沢文庫駅を結ぶ足として、路線バス事業に参入した。マンションの敷地内に専属の営業所を設け、8台の車両と21人のスタッフで、営業キロ2・8㎞の路線の運行にあたっている。運行開始当初は中型車がメインだったが、一日あたりの利用者が2・5倍に増加した現在は、大型ノンステップバスが中心になっている。

金沢文庫駅西口に停車する大新東のいすゞ製大型ノンステップバス。同社のボディカラーは全国で運行する路線ごとに異なり、この車両は鮮やかなブルー一色である

横浜市交通局

◈横浜市中心部に路線を展開

横浜市交通局は市営地下鉄2路線と市営バスの営業を行う公営企業体。バス部門従業員数1450人、路線バス営業キロ510・59㎞、路線バス車両数802台である。横浜市内の路上交通の歴史は、1904（明治37）年に開業した横浜電気鉄道の路面電車に始まる。その後、1921（大正10）年に横浜市電気局が発足して路面電車を買収。その補完を目的として、1928（昭和3）年に市営バスが走り始めた。市電は1972（昭和47）年に全廃されたが、市電と同じクリームに青帯のデザインは、今日まで市営バスに引き継がれている。

現在の市営バスの営業所は、保土ケ谷、若葉

横浜市交通局最新鋭の日野製大型ノンステップバス。クリームに青帯の横浜市営バスカラーはかつての市電と同じだが、帯のデザインが何度か変更されている

台、浅間町《せんげんちょう》、滝頭《たきがしら》、本牧《ほんもく》、港南、港北、鶴見、緑、磯子の10か所。市営バスは主に市の中心部を運行するとともに、鉄道駅と連携したきめ細やかな路線網を広げている。浅間町には1959（昭和34）年からトロリーバスの営業所が併設され、晩年は日本で最後の都市型トロリーバスとなったが、1972年に市電とともに廃止された。

横浜市は約373万人の人口を持つ日本最大の政令指定都市であるとともに、年間3761万人の集客を誇る観光都市でもある。市営バスでも観光客の足として、横浜駅や桜木町駅と観光スポットを結ぶ「あかいくつ」「ぶらり観光SAN路線」を運行している。生活の足となる一般路線用車両は従来、営業所ごとに配置車両のメーカーを設定。しかし2004（平成16）年以降、一般入札方式による車両購入となり、同じ車種を大量に購入するようになった。このため調達コストが低減され、

2005（平成17）年に登場した観光スポット周遊バス「あかいくつ」。ヨーロッパの路面電車をモチーフにしたレトロ調ボディの中型ノンステップバスが使用されている

低床化の推進にも一定の効果をあげている。

　横浜市営バスに特徴的なものとして、数字のみの系統番号がある。これは１９４９（昭和24）年に採用されたもので、系統番号の導入自体が全国に先駆けた取り組みであった。２０００年代には市営バスの経営改善が進められ、一部の系統が民営バスに移譲されたが、市民に定着していることから、民営バスに移管されたあとも市営時代の系統番号のまま走り続けている。

　公営バスは基本的に他の自治体に乗り入れないものであるが、横浜市営バスには横浜駅と川崎駅西口を結ぶ〈７〉系統がある。隣接する政令指定都市の代表駅に乗り入れ、しかも川崎市バスと顔を合わせるというのは、きわめてユニークな例と言ってよかろう。

●：横浜市交通局の営業所分布図（㈾：横浜交通開発の営業所を併設／○：駅）

横浜交通開発

◈横浜市交通局からの移管・委託路線を運行

横浜交通開発は、横浜市交通局の外郭団体として1988（昭和63）年に設立された株式会社。出資者は横浜市で、地下鉄高架下の駐車場や貸店舗の管理などを事業としてきた。2000年代に入って市営バスの経営改善が進められるなかで、2007（平成19）年から磯子駅や新杉田駅に発着する2路線を交通局から譲り受け、路線バス事業を開始した。翌2008（平成20）年からは、緑営業所と磯子営業所の業務を受託している。

バス部門従業員数は308人、路線バス営業キロは15・2㎞、路線バス車両数は16台である。横浜市交通局の一日乗車券類は横浜交通開発の路線でも有効だが、新車の購入は現在、交通局とは別に行われており、日野といすゞの車両が採用されている。

横浜交通開発磯子営業所の大型ノンステップバス。横浜市営バスと同じカラーリングで、前面と側面に同社のマークが入る。写真は新車だが、横浜市交通局から移籍した車両もある

川崎鶴見臨港バス【京急グループ】

◆JR鶴見線の前身・鶴見臨港鉄道がルーツ

川崎鶴見臨港バスは、京急沿線の川崎から横浜にかけてのエリアで路線バスを運行する京急グループの事業者。本社は川崎市川崎区に置かれ、営業所は川崎市内に浜川崎、神明町、塩浜、横浜市内に鶴見の計4か所がある。このうち神明町には2000(平成12)年から、分社子会社の臨港グリーンバス川崎営業所を併設。同社は川崎市バス上平間営業所の業務も受託した。しかし2010(平成22)年には同社が解散。再び川崎鶴見臨港バスに統合されたため、市バス上平間営業所の業務も、現在は臨港バス本体が受託している。

川崎鶴見臨港バスのルーツは、現在のJR鶴見線を建設した鶴見臨港鉄道のバス事業。同社は1937(昭和12)年、川崎鶴見臨港バスを設立してバス部門を分社。戦時買収により鉄道は国有化され、臨港バスのほうは戦後、1954(昭和29)年に京急傘下に入っている。現在の従業員数は762人、路線バス車両数は392台、路線バス営業キロは273・53㎞である。

川崎駅～川崎大師間直通系統で活躍する川崎鶴見臨港バスのノンステップバス。銀色に青帯の旧塗色に代わり、1990年代からアイボリーに青と赤のラインが入った現行色に

一般路線バスには、主としてジェイ・バス製造（いすゞ・日野）の車両を導入しているが、最近では三菱ふそう製もまとまった台数を導入している。新型ハイブリッド車を多く採用したり、電気バスを運行したりと、先進的な取り組みを行っているのも特徴だ。

１９９０年代、営業エリアである川崎や鶴見の臨海部には、首都高速湾岸線や東京湾アクアラインといった高速道路が相次いで開通。同社ではこれを受け、高速バス事業に参入した。羽田空港リムジンバスを新横浜駅とたまプラーザ駅へ、横浜駅からの通勤高速バスを東扇島や浮島へ運行開始。またアクアライン高速バスとして、川崎駅や浮島バスターミナルと千葉県木更津市を結ぶ路線を展開している。リムジンバスとアクアライン高速バスには三菱ふそうの観光タイプが使用されている。

川崎駅～市立川崎病院間にはいすゞ製の電気バスが使用されている。濃紺のオリジナルカラーをまとう

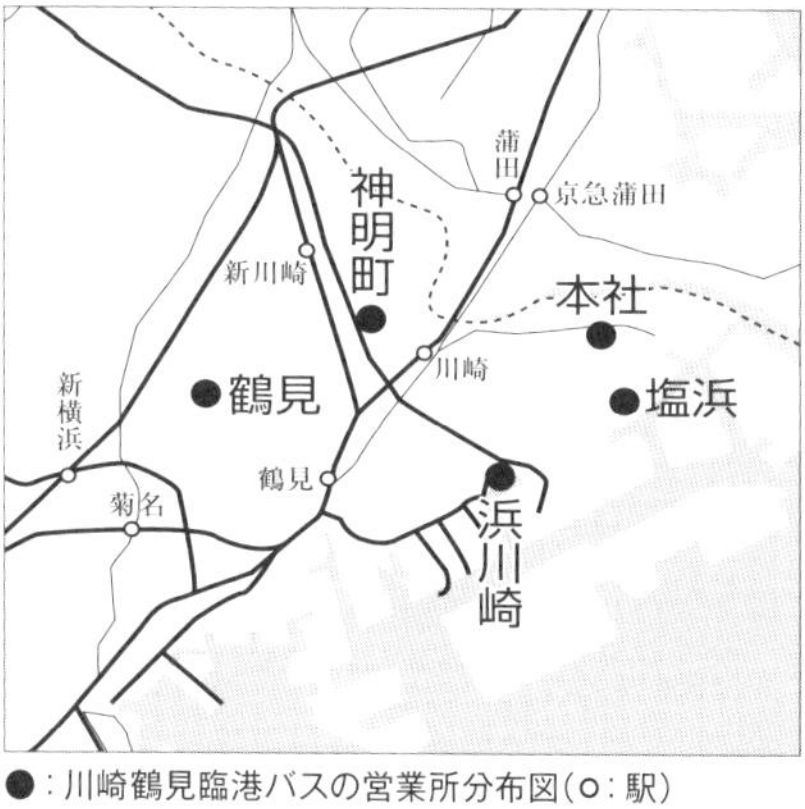

●：川崎鶴見臨港バスの営業所分布図（○：駅）

箱根登山バス【小田急グループ】

◈登山電車を補完して箱根の観光客と住民の足を担う

箱根登山バスは、箱根登山鉄道が神奈川県の小田原から静岡県の沼津にかけて営業していたバス事業を再編し、2002（平成14）年に現在の形になった小田急グループの事業者である。箱根登山鉄道の路線バスの歴史は古く、1921（大正10）年には小涌谷～箱根町間が開業している。箱根登山バスの本社は神奈川県小田原市にあり、従業員数は234人、路線バス営業キロは434・28㎞、路線バス車両数は136台となっている。

現在の営業所は小田原、関本、宮城野、湯河原の4か所。登山電車の終点・強羅駅から、強羅・仙石原に点在する美術館などの観光スポットを経て、静岡県御殿場市のプレミアム・アウトレットを結ぶ「箱根施設めぐりバス」は、〝スカイライト〟の愛称を持つ日野製の天窓つき中型ワンステップバスで運行されており、人気を集めている。

箱根町方面など観光客の利用が多い国道1号の路線には大型ワンステップバス、道路や需要

箱根登山バス最新鋭の三菱ふそう製大型ワンステップバス。柿色とクリームのツートンカラーは2009（平成21）年から採用。大型車は国道1号を走る幹線などで活躍する

との兼ね合いがある生活路線には中小型車が運用されている。大型車の低床化にあたりワンステップバスが採用されたのは、山岳路線という環境に合わせたもの。観光客の着席ニーズを考慮し、前向き2人掛けシートを最大限設置している。メーカーは三菱ふそう・いすゞ・日野がバランスよく導入されてきたが、近年は小田急グループマテリアルズによる一括購入が行われており、大型車については三菱ふそうの比率が増加している。

箱根には同じ小田急グループの東海バスオレンジシャトルや後述する伊豆箱根バスなど多くの事業者が乗り入れている。そこで2010（平成22）年から事業者の枠を超えてアルファベットの系統番号を付番し、外国人観光客にも利用しやすい体制を整えた。

「箱根施設めぐりバス」の天窓つきワンステップバス

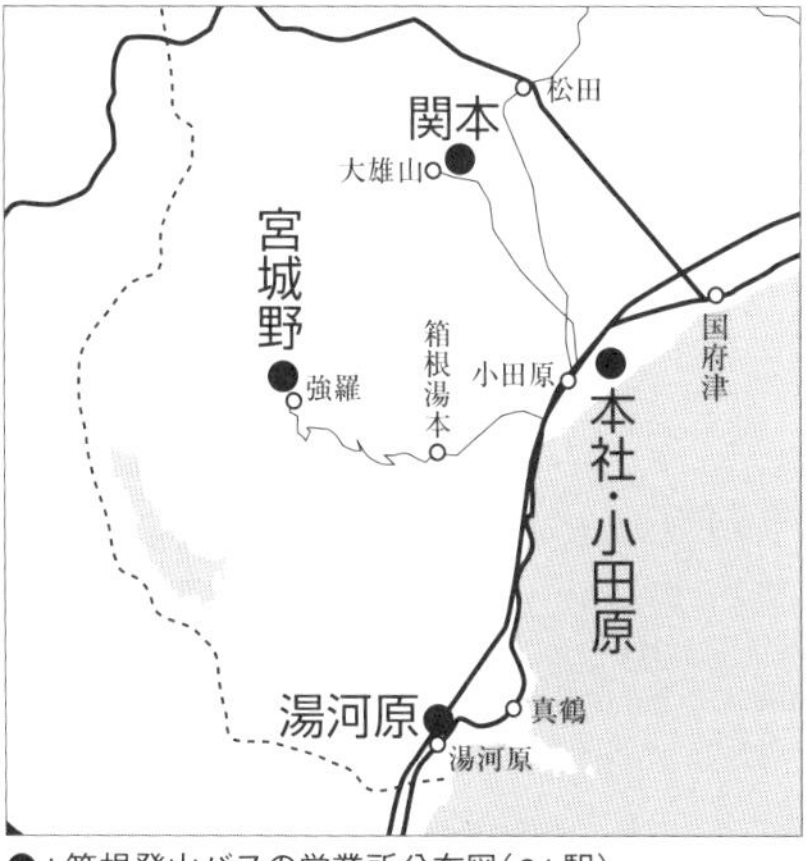

●：箱根登山バスの営業所分布図（o：駅）

伊豆箱根バス【西武グループ】

◆小田原・熱海と箱根、三島・沼津と中伊豆を結ぶ

伊豆箱根バスは1989（平成元）年に伊豆箱根自動車として設立され、伊豆箱根鉄道のバス事業の移管が開始された。そしてすべての移管が完了した2006（平成18）年、社名を伊豆箱根バスに改めている。現在の路線バス従業員数は210人、路線バス営業キロは649・57km、路線バス車両数は133台。本社は静岡県三島市に置かれているが、営業所は小田原、熱海、三島の3か所にあり、本書の収録エリアとなっている。

伊豆箱根鉄道の前身である駿豆鉄道は1928（昭和3）年、長岡自動車と古奈自動車を合併して中伊豆でバス事業を開始。神奈川県では十国自動車専用道路が開通した1932（昭和7）年、これを利用して箱根と静岡県の熱海を結んだのが始まりとなる。1941（昭和16）年には伊豆箱根鉄道大雄山線を建設した大雄山鉄道を合併。現在も運行されている神奈川県南足柄市内の大雄山駅〜道了山間のバス路線を引き継いでいる。

伊豆箱根バス小田原営業所の日産ディーゼル製大型ワンステップバス。国道1号を走る幹線を中心に運用される。同社では西武バス貸切車と同じ“ライオンズカラー”を採用

また、神奈川県中郡大磯町にある西武グループの施設「大磯ロングビーチ」にアクセスする路線バスは神奈川中央交通西が運行しているが、夏休みの繁忙期には伊豆箱根バスも応援に入り、日ごろは乗り入れていないJR大磯駅前でその姿を見ることができる。

西武グループに属していることから、車両は西武バス同様、日産ディーゼル車が中心であったが、現在はいすゞ・日野の比率が高まりつつある。塗色は西武グループの貸切バスが採用している〝ライオンズカラー〟。車体にプロ野球・埼玉西武ライオンズのマスコットキャラクターである「レオ」のマークが描かれている。2008(平成20)年にはバス事業80周年を記念し、〝ライオンズカラー〟採用前の旧塗色を復刻させている。

1960年代の大雄山駅前に停車する道了山行き

●:伊豆箱根バスの営業所分布図(o:駅)

江ノ電バス横浜【小田急グループ】

◆横浜市南部を中心に大船・鎌倉にもアクセス

神奈川県藤沢市と鎌倉市を結ぶ江ノ島電鉄の鉄道線。江ノ電バス横浜は、その江ノ島電鉄が直営していたバス路線のうち、鉄道線から離れた横浜市港南区・磯子区・栄区・戸塚区などの路線を引き継いだ。設立は2007（平成19）年で、従業員数237人、路線バス営業キロ83・06km、路線バス車両数116台となっている。高速バスの運行はないが、大船駅から上大岡駅を経由し、横浜駅まで足を延ばす路線が健在である。

緑色を基調とした落ち着いた塗色の電車に対し、バスは古くから鮮やかなオレンジ色。これは後述する江ノ電バス藤沢も共通である。日産ディーゼル車の比率が高く、横浜市内の需要の多い路線を運行することから、大型ノンステップバスが投入されている。

江ノ電バス横浜の大型ノンステップバス。ベージュとオレンジのボディカラーは、電鉄直営時代から半世紀以上の伝統を誇る

江ノ電バス藤沢【小田急グループ】

◆江ノ電沿線路線と定観・高速バスを担当

江ノ電バス藤沢は、江ノ島電鉄のバス路線のうち、鉄道沿線エリアを引き継いだ事業者である。1998（平成10）年に江ノ電バスとして設立され、藤沢営業所の路線を受託運行。続いて手広営業所の路線も運行開始し、2008（平成20）年に江ノ電バス藤沢と改称された。2011（平成23）年には藤沢と手広を統合し、湘南営業所を開設している。

現在の従業員数は286人、路線バス営業キロは1346.1km、路線バス車両数は128台。江ノ電バス横浜と比較して営業キロが長いのは、羽田空港連絡バスや京都・大阪、横手・田沢湖への夜行高速バスを運行しているためである。また、エリア内に古都・鎌倉を擁することから、定期観光バス「しずか号」の営業も行っている。

江ノ電バス藤沢のハイデッカー。定期観光バス「しずか号」の専用車で、江ノ電「10形」をモチーフとした紺色と黄色のデザイン

川崎市交通局

◆川崎市内を南北に走り東西を貫く鉄道に接続

川崎市交通局は川崎市バスの営業を行う公営企業体。開業は1950（昭和25）年の扇町線・神明町線が最初で、比較的歴史が新しい。このため戦前から営業し、戦時統合で独占的に営業するエリアを得た都バスや横浜市営バスと異なり、民営バスと複雑にからみあう路線網が特徴。またかつては市電・トロリーバスも運行していたが、現在は市バスのみを営業している。現在の職員数は523人、路線バス営業キロは193.85㎞、路線バス車両数は335台。営業所は上平間、塩浜、井田、鷲ヶ峰、菅生の5つである。このうち上平間は川崎鶴見臨港バス、菅生は神奈川中央交通東に管理を委託。ただし2017（平成29）年度から井田を神奈川中央交通東に委託し、菅生は直営に戻る予定である。

かつて川崎市内にはいすゞと三菱ふそうの工場があり、同局が購入する車両もこの2社製に限定されていた時期があった。しかし1990年代に低公害車を導入した際、日野と日産

川崎市交通局の三菱ふそう製大型ノンステップバス。ボディカラーは青い空と白い雲をイメージしたもの

ディーゼルが加わった。また2004（平成16）年以降は一般競争入札方式による車両購入方法へと変更。年度ごとに同じ車種が大量に採用されるようになった。全車両のうち約8割が大型ノンステップバスで、平均車齢が7年7か月と代替サイクルが短くなっている。

市バスの路線環境が示すように、川崎市は工業都市としてのイメージが強いが、市当局では「音楽のまち」「スポーツのまち」「映像のまち」としてPRしており、交通局においてもラッピングバスの運行などを行っている。また2011（平成23）年にオープンした「藤子・F・不二雄ミュージアム」と登戸駅を結ぶ直行バスを担当しており、人気キャラクターが描かれたいすゞ製の中型・大型ノンステップバスが4台使用されている。

登戸駅と「藤子·F·不二雄ミュージアム」を結ぶ、いすゞ製大型ノンステップバスの「ドラえもん号」©Fujiko-Pro

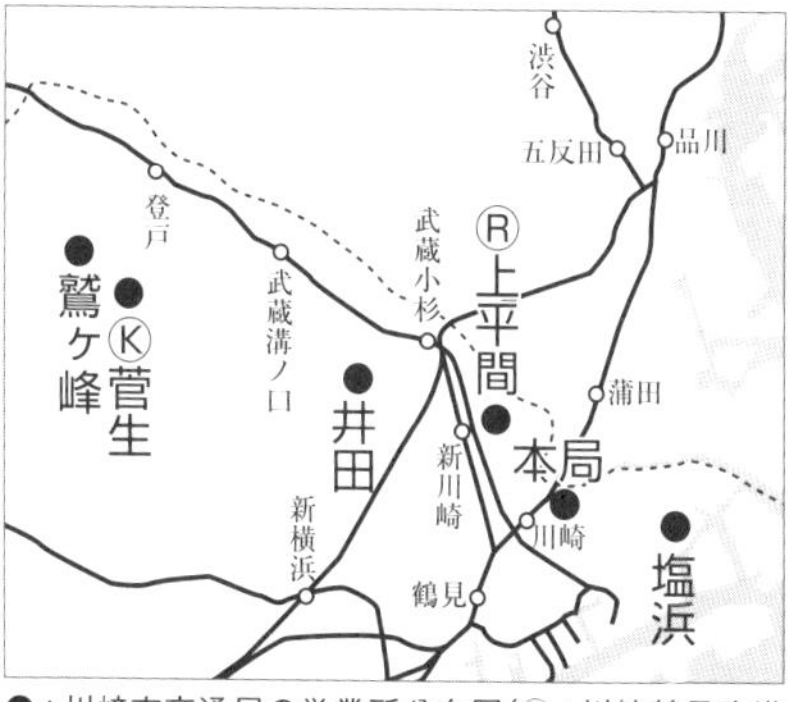

●：川崎市交通局の営業所分布図（Ⓡ：川崎鶴見臨港バスに管理委託／Ⓚ：神奈川中央交通東に管理委託／○：駅）

相鉄バス【相鉄グループ】

◆横浜市北西部の住宅地と相鉄電車を結ぶ足

相鉄バスは、相鉄ホールディングス100％出資のバス事業者である。本書で他に紹介している電鉄系の事業者とは異なり、鉄道事業を行う相模鉄道の子会社ではなく、相模鉄道とは兄弟会社の関係にある。本社は横浜市西区に置かれ、営業所は横浜、旭、綾瀬の3か所。系統番号に付されている「浜」「旭」「綾」の漢字は担当営業所名を示しており、横浜市営バスを除く首都圏の事業者で一般的な起終点ターミナルの略称ではない。

路線エリアは横浜駅と海老名駅を結ぶ相鉄本線の沿線を中心としているが、相模鉄道が2022（平成34）年度の完成をめざして工事を進めている〝都心直通プロジェクト〟を先取りするかのように、新横浜駅に乗り入れている。また、かつて各地で見られた郊外〜都心直通路線の姿を伝える、桜木町駅への乗り入れ系統も健在である。相模鉄道のバス事業は、戦時中の中断を経て1950（昭和25）年に開通した二俣川駅〜保土ケ谷区岩井町間から再スタートしている。

相鉄バス綾瀬営業所の大型ワンステップバス。中扉には4枚折戸が採用されている。白地に相鉄のコーポレートカラーであるオレンジとブルーをあしらったデザイン

相鉄バスは2001（平成13）年に設立され、相模鉄道の綾瀬営業所の営業を引き継いだ。全営業所が相鉄バスの経営になったのは2010（平成22）年である。従業員数は592人、路線バス営業キロは257・5㎞、路線バス車両数は290台で、ボディカラーは緑色の濃淡に代わり、相鉄のコーポレートカラーであるオレンジとブルーをあしらったものとなった。メーカーは三菱ふそうといすゞがメインで、かつては日産ディーゼルも多く導入されていた。

なお、相鉄グループには中距離高速バスを運行する相鉄自動車という事業者もあったが、2009（平成21）年に路線を相鉄バスが引き継いだ。相鉄自動車によって開業した羽田空港と河口湖への高速バスは、現在も相鉄バスによって運行されている。

相鉄バス横浜営業所の大型ワンステップバス。相模鉄道本体に導入された車両で、白地に濃淡の緑色を配したデザイン

●：相鉄バスの営業所分布図（○：駅）

ジェイアールバス関東【JRグループ】

◆館山・八日市場地区とスカイツリーアクセスの路線を営業

ジェイアールバス関東は、国鉄分割民営化の取り組みの中で1988(昭和63)年に設立された。国鉄の路線バスは鉄道とは異なり、都市部に路線を持つ例は少なかったが、本書の対象エリアでは八日市場(現・東関東)や館山を拠点とする路線を運行していた。国鉄分割民営化から30年が経過した現在もなお、両地区の路線は健在。成田地区の路線はJR・京成成田駅に乗り入れることから通勤通学客が多く、大型ノンステップバスも使用されている。

現在の従業員数は983人、路線営業キロは6114・5km。路線バス車両数418台の多くが高速バスである。東京駅と東京スカイツリータウンを結ぶ「スカイツリーシャトル®」を東武バスセントラルとともに運行しており、ひと味変わった東京の旅を楽しむことができる。

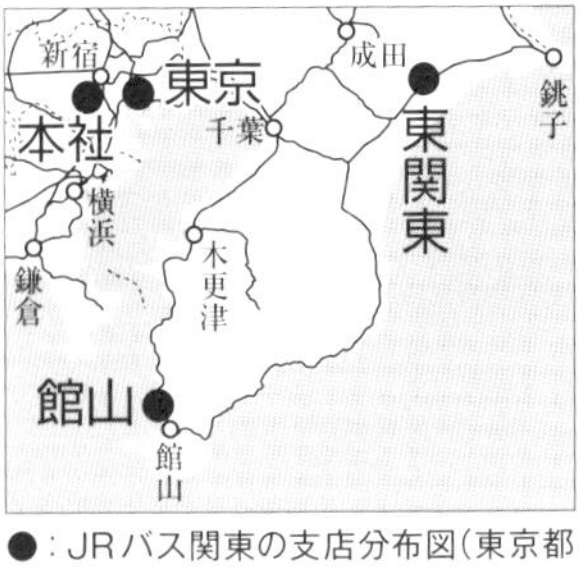

●:JRバス関東の支店分布図(東京都と千葉県の一般路線担当支店のみ/○:駅)

館山支店の大型ワンステップバス。青と白のツートンカラーは同社の高速バスと同じものである

九十九里鐵道

◈鉄道廃止後も「鉄道」の社名を踏襲して半世紀

九十九里鐵道は千葉県東金市に本社を置くバス事業者である。同社は1926（大正15）年に東金〜片貝間8・6㎞の鉄道を開業。1961（昭和36）年の鉄道廃止後も「鉄道」の社名を踏襲している。バス事業は戦後の1948（昭和23）年、鉄道と並行する東金〜片貝間で開始。道路整備が進むにつれ、鉄道利用者はバスへ移行し、鉄道は廃止に追い込まれた。終点・上総片貝駅の構内はその後、バスの車庫として使用されている。

現在の従業員数は45人、路線バス車両数は16台。車両は従来から日産ディーゼル車が中心で、2000年代以降は後述する小湊鐵道からの移籍車が主力となった。片貝〜東金〜千葉間に急行バスを運行しており、ここにはトップドアの専用車が運用されている。

九十九里鐵道の日産ディーゼル製スタンダードデッカー。片貝・東金〜千葉間の急行バスに使用される。ベージュとオレンジ、裾部がグレーのデザインは小湊鐵道と同じ

小湊鐵道

◆房総半島北部〜東部とアクアラインに路線

小湊鐵道は五井〜上総中野間39・1kmの鉄道、千葉市内から房総半島北部・東部にかけての路線バス、主にアクアラインを経由する高速バスなどを営業する事業者。前述の九十九里鐵道と株式を持ち合い、九十九里鐵道の子会社にあたる。従業員数は577人、路線バス営業キロは約1282km、路線バス車両数は242台。本社は千葉県市原市で、営業所（車庫）は塩田（姉ヶ崎、木更津）、長南（茂原、白子、大多喜、勝浦）、東金にある。このうち東金営業所は、長南営業所管内の大網地区の運行業務を九十九里鐵道に委託するため、九十九里鐵道の本社営業所内に2013（平成25）年に新設されたものである。

小湊鐵道塩田営業所の日野製大型ノンステップバス。千葉・市原市域には常に新車が投入されている。同社のボディカラーは一般路線・高速・貸切とも共通である

小湊鐵道の創立は1917（大正6）年。鉄道線は1925（大正14）年から1928（昭和3）年にかけて順次開業した。一方、バス事業は戦後の1947（昭和22）年、袖ヶ浦自動車の合併により開始。房総半島の北部〜東部に広大な路線網を持つこととなった。1960年代には湾岸地区の工業地帯が発展。千葉・市原市域では宅地開発が進み、数多くの通勤通学路線が開設された。1997（平成9）年には東京湾アクアラインが開通し、路線エリアと羽田空港・横浜・品川・新宿などを結ぶ高速バスが次々に開業した。

小湊鐵道の車両は4メーカーが採用されてきたが、一般路線車・貸切車とも1990年代まで富士ボディに統一されていたことが大きな特徴。その最後のグループが現在も活躍を続けており、ファンの注目を集めている。

2000年代には各メーカー純正ボディとなり、高速車も加わって、車種のバリエーションは豊富になった。一般路線車はノンステップバスなどの新車を千葉・市原市域に投入。経年車両を房総半島のローカル路線に転用するやりくりが行われている。

1967(昭和42) 年の国鉄千葉駅前に並ぶ小湊鐵道のツーマンバス。方向幕に「白旗」「大厳寺」の行き先が見える

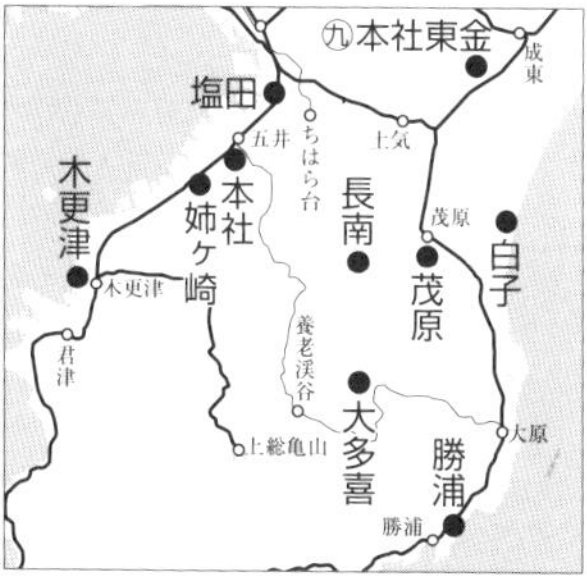

●：小湊鐵道・九十九里鐵道の営業所分布図（○：駅）

船橋新京成バス【京成グループ】

◆鎌ケ谷・習志野を拠点として船橋へ路線を延ばす

千葉県北西部を横断し、習志野、船橋、鎌ヶ谷、松戸の4市を結ぶ新京成電鉄の鉄道線。船橋新京成バスは、このうち習志野市から鎌ケ谷市にかけてのエリアで路線バスを運行する事業者である。

2003（平成15）年10月に新京成電鉄から鎌ヶ谷営業所のバス事業を引き継いだ経緯から、社名は船橋を名乗るものの、本社は鎌ケ谷市に置かれている。

2007年（平成19）年には船橋バスを吸収合併。同様に新京成電鉄から分社化された習志野新京成バスを2014（平成26）年に吸収合併し、現在の路線エリアが完成した。従業員数296人、路線バス営業キロ203・5㎞、路線バス車両数149台である。車両は電鉄直営時代から日産ディーゼルが中

船橋新京成バス最新鋭のいすゞ製中型ノンステップバス。グリーンにイエローとシルバーのストライプが入ったカラーは、旧習志野新京成バスが採用したものである

心だったが、同社のバス製造事業からの撤退後は三菱ふそうやいすゞが導入されている。

新京成電鉄が路線バスの運行を開始したのは1953（昭和28）年。現存する船橋駅北口と新京成線鎌ケ谷大仏駅を結ぶ系統は、開業時からの路線のひとつである。当時のボディカラーは、当時の京成バスのボディカラーの帯をオレンジ、腰部をクリームにしたもの。のちにクリームが白に変更され、バス事業35周年を迎えた1988（昭和63）年、白地に2条のワインレッドと1条のグレーでSをイメージしたラインを描いたカラーとなった。現在は、電鉄から船橋・習志野が分社したときに採用された、白・青・赤のトリコロール（旧船橋）、エメラルドグリーンにイエローとシルバーの斜めストライプ（旧習志野）の2種が混在する。

船橋新京成バスの取り組みで目新しいのが、鎌ケ谷大仏駅を早朝4時05分に出発する早朝バス。途中の各停留所に停車しながら終点・船橋駅北口に4時40分に到着し、JR総武快速線や羽田空港行きリムジンバスの始発便に接続するダイヤとなっている。

●：新京成バス2社の営業所分布図（o：駅）

1970年代の高根公団駅前で発車を待つ高根公団線のワンマンバス

松戸新京成バス【京成グループ】

◆松戸市の丘陵住宅地から鉄道線にアクセス

松戸新京成バスは千葉県松戸市に拠点を置き、松戸市内を中心に路線バスを運行する事業者である。前述の船橋新京成バスと同様、2003（平成15）年10月に新京成電鉄から松戸営業所のバス事業を引き継いで設立された。現在は従業員数207人、路線バス営業キロ72・60km、路線バス車両数94台となっている。車両は電鉄直営時代からいすゞを中心に導入されており、分社時に採用された薄紫色のボディカラーが特徴である。

新京成電鉄が松戸新京成バスのエリアでバスの運行を開始したのは、1949（昭和24）年のこと。これは建設が遅れていた鉄道線の先行路線として、鎌ケ谷大仏〜松戸間16・2kmにバスを走ら

松戸新京成バスの大型ノンステップバス。電鉄時代に引き続きいすゞ車が採用されているが、ボディカラーは薄紫色をベースにしたものに変更されている

せたものである。この路線は1955（昭和30）年の鉄道線全線開通とともに廃止され、現在では船橋新京成バスとは路線エリアがつながっていない。

船橋新京成バスが船橋駅北口～北総線小室駅間15・5㎞を筆頭に、比較的距離の長い路線を運行しているのと対照的に、松戸新京成バスは市内各駅からのフィーダー路線が中心。短距離で回転の早い運行が可能であることから、中型車が一定数を占めている。

なお、松戸新京成バスの親会社である新京成電鉄は、京成電鉄と並んで東証一部に上場している。バス事業においても、前述した京成電鉄の分社子会社各社や、後述するその他京成グループ各社とは別に、新京成グループを形成している。松戸地区では、松戸市と千葉県市川市・流山市や埼玉県八潮市を結ぶ距離の長い路線は京成バスが担当。また新橋駅から松戸新京成バスの路線エリア内を経由して成田空港に至る深夜急行バスは成田空港交通が担当と、路線の性格によって京成グループ内での棲み分けが行われている。

1963（昭和38）年の常盤平駅前に停車する日産製のワンマンバス。常盤平線初のワンマンカーとして1962（昭和37）年10月に新製された車両である

千葉交通【京成グループ】

◆成田～銚子エリアの路線と高速バスを展開

千葉交通は千葉県成田市に本社を置く京成グループの事業者。京成電鉄から分社された各社同様、高速バスや貸切バスのボディには〝K▼SEI GROUP〟のロゴがある。しかし千葉交通は、歴史的には京成電鉄とまったく異なる道を歩んできたのである。

同社は1908（明治41）年、成宗電気軌道として創業。まもなく京成傘下の企業となった。1927（昭和2）年に千葉県営鉄道多古《たこ》線・八街《やちまた》線の払い下げを受け、成田鉄道と社名を改める。1938（昭和13）年には成田自動車を合併して路線バス事業を開始。戦時体制下で鉄軌道線がすべて廃止され、戦後は成田バスと名乗った。さらに1956（昭和31）年、

千葉交通の大型ノンステップバス。白地に紺色と水色をあしらったデザイン。1990年代まではグレーに赤帯を入れ、裾部を紺色に塗ったカラーだった

千葉交通と改称している。現在は成田、多古、銚子の3営業所体制。従業員数は370人、路線バス営業キロは3386・69km、乗合バス車両数は191台である。

成田地区ではニュータウン輸送を担当しており、路線バスには新車の大型ノンステップバスが投入されている。営業エリアに成田空港を持つことから、埼玉や北関東3県、福島・山梨方面へのリムジンバスを運行。銚子地区を拠点として、東京・浜松町バスターミナルへの昼行高速バスと京都・大阪への夜行高速バスも運行する。なお銚子地区の路線は、一部を除いて子会社の千葉交タクシーに移管し、〝ちばこうバス〟の愛称で営業している。

車両は日野車の比率が高いが、高速車・貸切車は三菱ふそう車が中心である。ボディカラーは一般路線・高速・貸切とも、白地に水色のオリジナルカラーをメインとしてきた。近年は高速・貸切において、次第に京成グループカラーへと変更されつつあるが、空港連絡バスには飛行機、都市間高速バスにはイルカがあしらわれているのが特徴である。

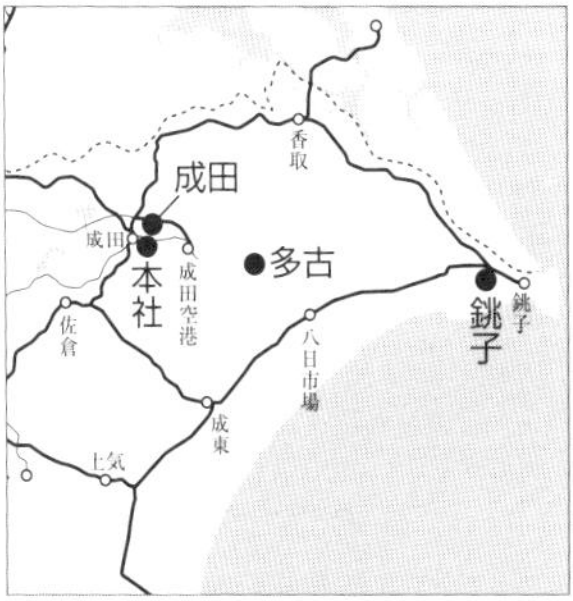

●：千葉交通の営業所分布図（○：駅）

1967（昭和42）年の京成成田駅前に並ぶ千葉交通の路線バス

日東交通【日東グループ】

◆房総半島西部路線とアクアライン高速バスを運行

日東交通は千葉県木更津市に本社を置くバス事業者。大正時代に房総半島南部で創業した安房自動車と房州自動車が合併し、1927（昭和2）年に誕生した安房合同自動車をルーツとする。戦時下に木更津・君津地区の事業者を統合。社名を日東交通と改めた。

1990年代には利用者の落ち込んだ館山・鴨川・湊地区の路線を、全額出資で設立した地域分社に移管。経営を効率化して路線維持を図った。一方で東京湾アクアラインが開通したことから、房総半島と都内・横浜市内を結ぶ高速バス路線を次々に開設した。

現在の従業員数は448人、路線バス営業キロは578・5km、路線バス車両数は110台である。営業所は木更津、富津《ふっつ》、君津、館山、鴨川の5か所に置かれている。

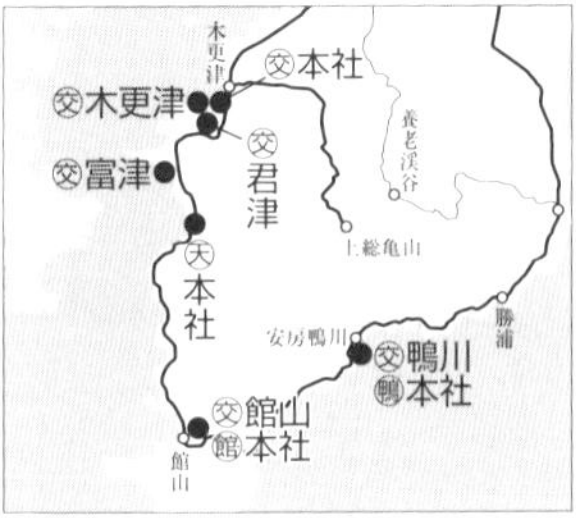

●：日東バス４社の営業所分布図（(交)：日東交通／(館)：館山日東バス／(鴨)：鴨川日東バス／(天)：天羽日東バス／○：駅）

日東交通木更津営業所のいすゞ製中型ワンステップバス

館山日東バス【日東グループ】

◆房総半島南部のローカル路線を引き継ぎ営業

館山日東バスは１９９４（平成６）年4月、日東交通の１００％出資により設立。同年10月、日東交通館山営業所の路線を引き継いで営業を開始した。館山地区の路線は日東交通の前身・安房自動車が大正時代に運行開始して以来の伝統を持つが、モータリゼーションの進行により乗客が減少。分社化して地域に根ざした経営効率化を図ることとなった。

従業員数は50人、路線バス車両数は24台。一般路線は館山から富浦・鴨川・千倉方面に延びており、白浜〜鴨川間の急行バスも運行する。また館山と南房総市の間にはコミュニティ系路線も運行している。高速バスは東京・新宿・横浜系統を日東交通館山営業所が担当し、千葉系統のみ館山日東バスも、日東交通とともに共同運行に参加している。

崖観音前のバス停に停車する館山日東バスの日産ディーゼル製中型バス。薄緑色に白いラインを入れ、裾部をえんじ色としたボディカラーは日東バス４社共通である

鴨川日東バス【日東グループ】

◆鴨川を拠点にローカルバスと高速バスを営業

鴨川日東バスは1994（平成6）年4月、日東交通の100％出資により設立。同年10月、日東交通鴨川営業所の路線を引き継いで営業を開始した。その後、一部の路線が廃止されて鴨川市コミュニティバスとなり、その運行を鴨川日東バスが受託。自社路線は鴨川市内線、館山線（館山日東バスと共同運行）、大学線、太海線、長狭《ながさ》線、金谷線となった。また高速タイプの車両を使用した急行バスを、鴨川〜木更津間に運行開始している。

高速バスは鴨川〜東京線を日東交通・京成バス、鴨川〜千葉線を日東交通・千葉中央バスと共同運行。安房小湊・御宿《おんじゅく》〜東京線は小湊鐵道・京成バスと共同運行している。現在の従業員数は60人、路線バス車両数は31台で、一般路線バスは中型車が中心である。

外房線興津駅前で発車を待つ鴨川日東バスのいすゞ製中型バス。同社は鴨川市コミュニティバスの運行も受託している

天羽日東バス【日東グループ】

◆観光客の利用が多い房総半島西部の路線を担当

天羽日東バスは1994（平成6）年4月、日東交通の100%出資により設立。同年10月、日東交通富津《ふっつ》営業所湊出張所の路線を引き継いで営業を開始した。3つの分社子会社の中では一番規模が小さく、従業員数は約17人、路線バス車両数は11台となっている。

自社路線は竹岡線（上総湊駅〜東京湾フェリー）、鹿野山線（佐貫町駅〜神宮寺）、金谷〜マザー牧場線の3路線。このうち鹿野山線は多客期に臨時便が増発され、金谷〜マザー牧場線は多客期の土休日のみに運行されるなど、季節変動が大きいことが特徴だ。またコミュニティ系路線として、戸面原《とづらはら》線、湊富津・笹毛線、富津市役所・君津駅線がある。車両は自社路線が中型車または小型車、コミュニティ系路線が小型車となっている。

内房線君津駅前に停車する天羽日東バスのワンステップバス。"チョロQ"と呼ばれる全長7mの日産ディーゼル製中型車である

千葉中央バス【京成グループ】

◆八十余年前に創業し現在は住宅地輸送に従事

千葉中央バスは千葉市緑区に本社を置く京成グループの事業者である。１９３５（昭和10）年に千葉郊外自動車として設立されて以来、80年以上の歴史を持ち、戦後の千葉市の発展を受け、１９６９（昭和44）年に京成電鉄の資本下に入っている。現在の従業員数は２５６人、路線バス営業キロは１６８３・46km、路線バス車両数は１０８台である。

路線バスのエリアは千葉駅から土気《とけ》駅にかけてのＪＲ外房線沿線。路線バスのエリアと羽田空港や新宿駅を結ぶ高速バスのほか、千葉市と鴨川市を館山自動車道経由で結ぶ「カピーナ号」も運行している。車両は路線・高速ともいすゞがメインで、路線車は白地に水色のストライプのオリジナルカラー、高速バスは京成グループ共通カラーとなっている。

千葉中央バス最新鋭のいすゞ製大型ノンステップバス。路線バスはアイボリーに水色のライン、高速・貸切バスは京成グループカラーである

東洋バス【東洋バスグループ】

◈千葉市・八千代市の住宅地と鉄道線を結んで営業

東洋バスは千葉市花見川区のＪＲ幕張駅近くに本社を置き、主として千葉県八千代市の東葉高速鉄道沿線に１４４・４㎞の路線を延ばす独立系の事業者。創立は戦後まもない１９４８（昭和23）年と古く、近年まで鉄道に恵まれなかったエリアの足を担ってきた会社である。

乗合バス車両数は74台で、三菱ふそう車がほとんどを占めているのが従来からの特徴。現在のボディカラーはクリーム色に〝Ｔ〟をかたどった深紅のラインが印象的だが、１９８０年代までは涼しげな水色を中心としたトリコロールカラーをまとっていた。

従業員数は１５５人。本社のある千葉市花見川区と路線エリアの八千代市は若干離れている印象を受けるが、これは後述する千葉シーサイドバスを分社化した影響である。

東洋バスの三菱ふそう製大型ノンステップバス。路線バスはクリーム色に“T”をかたどった真紅のライン、貸切車も同じカラーだがデザインが異なる

千葉シーサイドバス【東洋バスグループ】

◆東洋バスの八千代台～幕張間路線などを分社

千葉シーサイドバスは、東洋バスから2003（平成15）年に分社化されて誕生した事業者。1940年代の末、国鉄幕張駅を起点に開設した東洋バスの路線は、沿線への工場移転や宅地開発の進行に伴い、通勤通学路線へと変貌した。分社後の同社は、京成本線八千代台駅からJR幕張駅を経て幕張副都心まで、線的に運行している。またJR幕張駅北口に本社を併設した専用のターミナルを有しており、首都圏の事業者としては珍しい。

同社の従業員数は52人、乗合バス営業キロは177・2㎞。23台の路線バス車両は東洋バスと同じ深紅の〝T〟ラインをまとう。しかし道路環境から中型ワンステップバスが中心となっており、大型ノンステップバスがメインの東洋バスとは異なっている。

千葉シーサイドバスの中型ノンステップバス。ボディカラーは東洋バスと同じだが、幕張本郷線ではブルーのオリジナルカラーの大型車も活躍する

東京ベイシティ交通【京成グループ】

◆ディスニーアクセスから浦安市民の足へ使命が変化

東京ベイシティ交通は、千葉県浦安市に本社を置く京成グループの事業者である。１９７７（昭和52）年にオリエンタルランド交通として誕生。当時は「東京ディズニーランド®」を運営するオリエンタルランドの１００％子会社であり、東西線浦安駅～ディズニーランド間のアクセス輸送を担当した。しかしJR京葉線の開業後、浦安市民の足として路線を再編。京成電鉄が資本参加した１９８９（平成元）年に現在の社名に改めている。

従業員数は２４２人、路線バス営業キロは79・２７６km、一般路線バス車両数は99台（他に高速バス14台、貸切バス５台、特定バス６台）。かつては長尺３扉車が活躍した。また、２０１７（平成29）年４月には運行開始40周年を迎え、オリエンタルランド交通時代当時のカラーリングを再現した「復刻カラーバス」の運行も開始している。

東京ベイシティ交通のいすゞ製ノンステップバス。ボディカラーは白地に緑と青のラインで、現在の社名に変更したときに採用された

成田空港交通【京成グループ】

◆成田空港に密着したバスサービスを提供

成田空港交通は京成グループの事業者。成田空港の開港を前にした1972（昭和47）年に設立され、空港から離れていた初代成田空港駅と空港を結んだ。本社も成田空港の滑走路そばにあり、現在も空港ターミナル循環バスや、空港行きを終夜運行して差別化したリムジンバス「東京シャトル」、仙台や長野と成田空港を直結する夜行高速バスなど、成田空港に密着したサービスを展開している。また成田空港の近隣ホテルと市内の商業・観光施設との間を結ぶ「サークルバス」の運行を、成田ホテルバス協会から受託している。

現在の従業員数は96人、路線バス営業キロは83・5㎞で、貸切扱いの空港ターミナル循環バスを含めた車両数は66台。車両のメーカーは三菱ふそう・日野・いすゞである。

成田空港交通のいすゞ製大型ワンステップバス。ボディカラーは新スカイライナーと同じである

千葉海浜交通【京成グループ】

◆千葉市海浜地区のニュータウン輸送を担う

千葉海浜交通は千葉市美浜区に本社を置く京成グループの事業者。１９６９（昭和44）年、東京湾を埋め立てて開発された「海浜ニュータウン」とＪＲ総武線を結ぶ足として設立された。その後、１９８６（昭和61）年にはＪＲ京葉線が開通し、ニュータウン内にも新駅が開業。現在の路線エリアはＪＲ京葉線の海浜幕張～稲毛海岸間が中心である。また京成グループの特徴である、路線エリアと東京都心を直結する高速バスも運行する。

従業員数は１１６人、路線バス営業キロは１３３・65km、路線バス車両数は57台である。車両は路線・高速とも日野がメイン。窓下のブルーにホワイトのピンストライプが入る路線車カラーは、ブルーの色味を変えながら開業以来、引き継がれてきたものである。

千葉海浜交通最新鋭の日野製大型ノンステップバス。カラーデザインは創業当初から変わっていないが、窓下のブルーが明るくなっている

千葉内陸バス【京成グループ】

◈千葉市の内陸地区でニュータウン輸送を展開

千葉内陸バスは千葉県四街道市に本社を置く京成グループの事業者。設立は１９７５（昭和50）年である。この時期、１９７２（昭和47）年に総武線の快速電車が東京駅に乗り入れたことにより、千葉市内のベッドタウン化が加速。同社はこれに応える形でバス事業を開始した。現在はＪＲ千葉駅から内陸方向に位置する千葉市若葉区や四街道市への路線、本社のある千代田団地と東京駅や羽田空港を直結する高速バスを運行している。

従業員数は１１４人で、高速・貸切バスを含めた車両数は64台ある。路線バスは日野車が中心で、ニュータウン輸送に適した長尺大型車が主力。かつてこのエリアでは珍しい前後扉仕様を採用していたが、現在は長尺のままワンステップバス主体に移行している。

千葉内陸バスの日野製長尺ワンステップバス。路線バスは創業以来、白地にグリーンのライン、高速バスは京成グループカラーである

なの花交通バス

◆佐倉市を拠点に印旛沼ほとりに路線を延ばす

千葉県印西市を中心に広がる印旛沼。なの花交通バスは、印旛沼のほとりの田園地帯を貫く「六合路線」を運行する独立系の事業者である。設立は1999（平成11）年と若い会社だが、千葉県佐倉市に本社を置き、貸切バスの運行で実績を積み重ねてきた。

2015（平成27）年には乗合バスの運行免許を取得。京成佐倉駅～北総線印旛日本医大駅～JR成田線小林駅の26㎞を結ぶ同路線の路線権を譲り受けた。車両は6台の中型ノンステップバスを投入し、貸切バスと合わせ従業員数88人で輸送にあたっている。

なお、佐倉と小林を旧印旛村（2010年に印西市と合併）を経由して結ぶバス路線の歴史は古く、1949（昭和24）年には原形となる路線の運行が開始されている。

なの花交通バスの日野製中型ノンステップバス。アイボリーホワイトに菜の花をあしらったデザインは路線バス・貸切バス共通

平和交通【ビィー・トランセグループ】

◆千葉市内の住宅地路線と高速バスを運行

　平和交通は、独立系のビィー・トランセグループに属する事業者である。千葉市稲毛区の本社営業所と若葉区の若松営業所を拠点に、美浜区の幕張ベイタウンにも路線を延ばしている。設立は1975（昭和50）年で、当時は東京のベッドタウンとして開発された団地の自治会の要望に応え、ジャンボタクシーで最寄り駅とを結ぶ路線を運行していた。

　現在では従業員数157人、路線バス営業キロ73・9km、乗合バス73台を擁する規模にまで成長。路線バスの営業エリアと東京都心を直結する高速バス・深夜急行バスや、銀座や東京駅と成田空港を結ぶ空港連絡バスの運行も手がけている。また同社は電鉄系の資本に属さない事業者でありながら、PASMOに加盟していることも特徴的である。

平和交通最新鋭の日野製ハイブリッドノンステップバス。クリーム地に立体的な模様を配した現行デザインは1990年代に採用された

あすか交通【ビィー・トランセグループ】

◈団地輸送のために設立され現在は高速バスも

あすか交通も前述の平和交通と同じビィー・トランセグループに属する事業者である。設立は平和交通より1年早い1974（昭和49）年で、当時は「団地交通」という社名だった。本社は当時から幸町団地（千葉市美浜区）にあり、同団地と近隣のJR駅を結ぶ路線を中心に40年近く運行を続けている。現在では平和交通と同じく、路線バスのエリアと東京都心を直結する高速バス「マイタウンライナー」の運行も行っている。

同社の従業員数は89人、路線バス営業キロは20・5km。路線バス車両数は25台で、平和交通同様、日野車が主力となっている。ただし、白地に窓まわりを深緑色としたボディカラーは平和交通と異なり、これは団地交通時代のボディカラーを踏襲するものである。

あすか交通の中型ノンステップバスで、窓まわりを深緑にしたカラーリング。緑色は団地交通時代からの同社のイメージカラーである

朝日自動車【東武・朝日自動車グループ】

◆東武移管路線を運行する事業者を統括

朝日自動車は東武グループのバス・タクシー事業者であり、また東武傘下のバス・タクシー事業者で構成される朝日自動車グループの集約事業者となっている。現在の従業員数は613人、路線バス営業キロは745・23km、路線バス車両数は321台である。

東武鉄道は1933（昭和8）年に毛武自動車を設立した。同社は関東一円に拡大した東武の鉄軌道沿線のバス事業者を買収。1936（昭和11）年には東武自動車と改称した。東武鉄道自身も1934（昭和9）年、川越の個人事業者を買収してバス事業を開始。戦後は東武鉄道が東武自動車を合併し、南は

朝日自動車最新鋭のいすゞ製大型ノンステップバス。クリーム色に赤と紺の曲線をあしらい、アルファベットで社名を記したデザインは、朝日グループ各社に広がりつつある

東京駅から北は日光・水上に至る広大なエリアに路線を延ばした。しかし1980年代に入り、北関東ではモータリゼーションと過疎化が進行してバス利用者は激減。そこで、地域に合わせた効率的な経営を行うため、東武グループのバス・タクシー事業者によって運行する〝肩代わり方式〟が採用された。

現在、朝日自動車グループで路線バスを運行するのは朝日自動車、阪東自動車、茨城急行自動車、川越観光自動車、国際十王交通、関越交通、日光交通、桐生朝日自動車、東北急行バスの9社。このうち、東武鉄道から路線移管を受けた7社について本書に収録した。

朝日自動車が設立されたのは1941(昭和16)年1月。土浦～北条間など3路線の運行を開始した。しかし、これらは戦時統合により常総筑波鉄道に譲渡。戦後は東武傘下で貸切バスとタクシーを営業した。1993(平成5)年には茨城県五霞《ごか》村から五霞村～幸手間の貸切代替バスを受託。貸切乗合許可による路線バスの運行を開始した。翌年には東武鉄道から古河《こが》駅西口～境車庫線が移管され、乗合バス事業としての路線バスの営業を開始した。以後、東武鉄道からバス路線と営業所の移管が続き、現在は加須《かぞ》、本庄、久喜、杉戸、菖蒲、越谷、太田、境の8営業所体制。タク

一時期大量に増備された日野製中型ワンステップバス

シーは専業の営業所として北越谷、野田の2営業所と兼業の6営業所体制となる。本社事務所は埼玉県越谷市に置かれている。

東武鉄道からは路線とともに車両も引き継ぎ、当初は東武バスカラーの大型車が数多く見られた。しかし、次第にオリジナルの中型ワンステップバス・ノンステップバスに代替され、現在は姿を消している。メーカーは東武バス同様、いすゞと日野が中心だが、かつて本庄と太田には日産ディーゼル車も配置され、菖蒲では現在も三菱ふそう車が活躍する。2016（平成28）年には初めての大型ノンステップバスが菖蒲に配置されている。

東武鉄道から引き継いだ東武カラーのいすゞ製大型バス

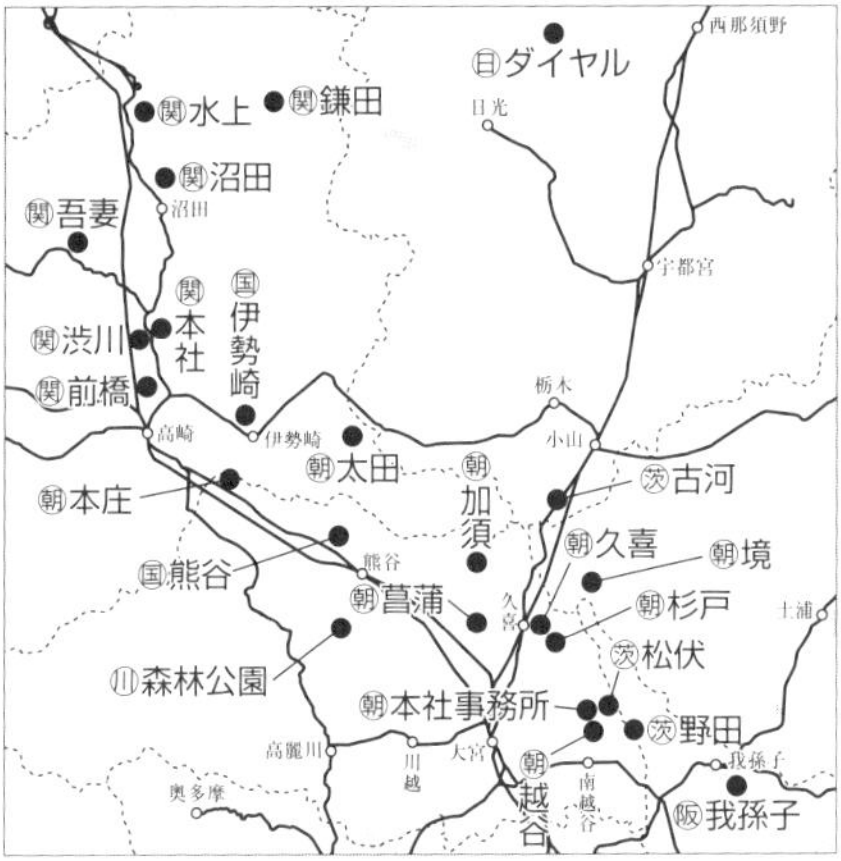

●：朝日自動車グループの営業所分布図（朝：朝日自動車／阪：阪東自動車／茨：茨城急行自動車／川：川越観光自動車／国：国際十王自動車／関：関越交通／日：日光交通／○：駅）

阪東自動車【東武・朝日自動車グループ】

◆成田線沿線で創業し我孫子市の住宅地路線を展開

阪東自動車は東武グループ・朝日自動車グループの事業者で、千葉県我孫子市に営業所を構える。従業員数116人、路線バス営業キロ79km、路線バス車両数62台となっている。

同社は戦後まもない1949（昭和24）年、印旛郡などの地元有志によって設立され、木下《きおろし》〜六合村間に路線バスの運行を開始。1950年代には我孫子や柏国立療養所へ路線を延ばし、東武鉄道の傘下に入る。1960年代には輸送の中心が我孫子市域のニュータウンにシフトし、我孫子営業所が新設された。2002（平成14）年には東武鉄道の柏駅東口〜戸張間を〝肩代わり〟して運行開始した。車両は大型ノンステップバスが中心である。

阪東自動車最新鋭の三菱ふそう製大型ノンステップバス。クリームのボディに水玉と若葉を配した現行デザインは1990年代から採用されている

茨城急行自動車【東武・朝日自動車グループ】

◆茨城県から埼玉県へ路線エリアの中心がシフト

茨城急行自動車は東武グループ・朝日自動車グループの事業者。1950（昭和25）年に内山運輸として設立され、茨城県下妻市を拠点に路線バス・貸切バス・タクシーの営業を開始した。1961（昭和36）年に東武グループ入り。1963（昭和38）年には貸切バス・タクシーを内山観光自動車に譲渡し、社名を茨城急行自動車に改めている。まもなく下妻～北越谷線を急行運転。1980年代以降、路線の中心が次第に埼玉県内にシフトする。

これに伴い埼玉県の松伏に営業所を新設。東武鉄道の路線〝肩代わり〟で加わった茨城県の古河、千葉県の野田の3営業所体制である。従業員数117人、路線バス営業キロ273・19㎞、路線バス車両数74台。車両はいすゞ・日野の中型ノンステップバスが中心である。

茨城急行自動車のいすゞ製中型ノンステップバス。クリームにオレンジからグリーンのウェーブ、屋根をグリーンとしたデザインは1990年代に採用された

川越観光自動車【東武・朝日自動車グループ】

◆貸切専業から東上沿線の路線バス事業者へ変貌

川越観光自動車は東武グループ・朝日自動車グループの事業者で、埼玉県比企郡滑川町に営業所を構える。従業員数は131人、路線バス営業キロは561・04km、路線バス車両数は91台。1933（昭和8）年に川越市で貸切バス会社として設立されたため〝川越観光〟の社名を持つが、2001（平成13）年に貸切バスの減車を行い、路線バス事業にシフトした。路線も川越から離れたJR高崎線沿線や、東武東上線坂戸以北をエリアとする。

JR鴻巣駅と東武東松山駅を結ぶ〈東松02〉系統は、川幅日本一（2537m）の地点に架かる御成橋で荒川を渡る。車両は朝日自動車グループ共通の中型ノンステップバスが中心だが、東上線沿線の鳩山ニュータウン路線では朝日自動車グループでは数少ない大型車も活躍している。

川越観光自動車のいすゞ製大型ノンステップバスで、朝日自動車グループカラー。同社は成田空港リムジンバスも運行しており、東武グループカラーの高速車を保有する

国際十王交通【東武・朝日自動車グループ】

◆熊谷地区と伊勢崎地区の東武グループ2社が合併

国際十王交通は東武グループ・朝日自動車グループの事業者。埼玉県熊谷市と群馬県伊勢崎市に営業所を構える。東武鉄道熊谷営業所の主要なバス路線を2001（平成13）年、東武傘下のタクシー会社だった国際ハイヤーが〝肩代わり〟した。これに先立ち1994（平成6）年、東武鉄道伊勢崎出張所の廃止に伴い、東武傘下の貸切バス会社だった十王自動車が、本庄～伊勢崎間などを〝肩代わり〟していた。2004（平成16）年に国際ハイヤーと十王自動車が合併し、国際十王交通が誕生した。

従業員数160人、路線バス営業キロ401・57km、路線バス車両数74台。車両は中型ノンステップバスが中心である。

国際十王交通熊谷営業所の日野製中型ノンステップバス。同社は羽田空港リムジンバスも運行しており、東武グループカラーが使用されている

関越交通【東武・朝日自動車グループ】

◆タクシー専業から群馬県随一のバス事業者に成長

関越交通は東武グループ・朝日自動車グループの事業者で、群馬県渋川市に本社を置く。現在の従業員は３０７人、路線バス営業キロは１８３１・90km、乗合バス車両数は１５１台である。

同社は１９５３（昭和28）年にタクシー会社として創業。東武鉄道路線の〝肩代わり〟は１９９３（平成５）年からで、１９９９（平成11）年までに群馬県内の南部や西部の一部を除く東武バス路線を引き継いだ。このほか２００２（平成14）年には、関越交通に先駆けて東武鉄道から路線の〝肩代わり〟をしていた吾妻観光自動車を合併している。

路線のほとんどが山間部であることから、かつては高出力の大型車を採用していたが、現在は朝日グループ共通の中型車となり、グループ内からの移籍車も活躍している。

関越交通渋川営業所の日野製中型ノンステップバス。白・オレンジ・緑の同社オリジナルカラーに代わり、近年は朝日グループカラーが採用されている

日光交通【東武・朝日自動車グループ】

◈ダイヤルバスと合併して鬼怒川地区の路線を運行

日光交通は東武グループ・朝日自動車グループの事業者で、栃木県日光市に営業所を構える。前述した東武グループの東武バス日光は、東武日光駅から中禅寺湖方面の路線を東武鉄道から引き継いだが、日光交通は鬼怒川温泉方面の路線を担当している。従業員数は88人、路線バス営業キロは63・40km、路線バス車両数は21台となっている。

日光交通はもともと1955（昭和30）年設立のタクシー会社。鬼怒川地区の東武鉄道のバス路線は、1991（平成3）年から2003（平成15）年にかけて、鬼怒川温泉の宿泊客の送迎輸送を行っていた東武ダイヤルバスが〝肩代わり〟していった。しかし、同社は2008（平成20）年に日光交通に合併され、日光交通ダイヤル営業所となっている。

日光交通ダイヤル営業所の日野製中型バス。アイボリーとオレンジのダイヤルバスオリジナル車に代わり、朝日グループカラーのグループ内移籍車が増えつつある

武蔵観光

◆寄居を拠点に元東武鉄道のバス路線を営業

武蔵観光は埼玉県秩父郡皆野町に本社を、大里郡寄居町に路線バスの営業所を置く独立系の事業者である。路線は「県北都市間路線代替バス」と呼ばれる、寄居車庫～深谷駅、寄居車庫～本庄駅の2系統である。路線バス車両数は3台で、車両は日野の中型ワンステップバスが使用されている。

これらの路線はかつて東武鉄道が運行しており、東武東上線との乗り継ぎで沿線と東京を結んでいた。2015(平成27)年5月からは本庄線がJR上越新幹線本庄早稲田駅への乗り入れを開始し、沿線と東京を結ぶ新たなルートを構築した。なお、寄居では寄居駅に乗り入れず、南口徒歩5分の県道上に寄居駅入口バス停が置かれている。

深谷駅前で発車を待つ武蔵観光の日野製中型ワンステップバス。白地に紫色の濃淡の曲線をあしらったデザインとなっている

大和観光自動車

◈CNGバスも導入して通勤客や買い物客を輸送

大和観光自動車はさいたま市北区に本社を置く独立系の事業者である。埼玉県の独立系の事業者は、2002(平成14)年の乗合バス規制緩和をきっかけとして、貸切バスや運送業といった異業種から路線バス事業に参入した事業者が多い。そんななかにあって同社は、1978(昭和53)年に路線バスの運行を目的として設立された歴史がある。現在の従業員数は86人、路線バス車両数は9台。車両はいすゞ・日野の中型車が中心で、CNGノンステップバスも採用されている。

路線はJR宇都宮線・東武伊勢崎線久喜駅から西に向かう2路線。沿線には大型ショッピングセンターや工業団地があり、沿線住民・勤務者の足としての役割を担っている。

久喜駅西口に停車中の大和観光自動車のいすゞ製中型バス。白地に黄色・朱色・赤のラインが入ったボディカラーである

メートー観光

◈新三郷駅を起点にきめ細かな住宅路線を展開

メートー観光は、埼玉県吉川市に本社を置く、2002（平成14）年の規制緩和によって路線バス事業に参入した事業者である。従業員数24人、路線バス車両数10台で、車両は三菱ふそうの小型ワンステップバスが採用されている。

埼玉県の東端に位置する吉川市や三郷市では、1990年代以降、鉄道の新線・新駅開業や移設が相次ぎ、新しい街が次々と拓かれている。このエリアの路線バスには、そういった街のニーズに応えるため、規制緩和を生かして開通した路線が多い。同社は、旧国鉄武蔵野操車場跡地の再開発により誕生・成長するJR武蔵野線新三郷駅を起点に、三郷市や吉川市の住宅地を経て、同線吉川駅を結ぶ系統を中心に運行している。

JR武蔵野線吉川駅南口に到着したメートー観光の三菱ふそう製小型ノンステップバス。黄色一色のボディに赤色で社名を表記

マイスカイ交通

◆三郷市をベースに都内・金町駅にもアクセス

埼玉県三郷市では、2002（平成14）年の規制緩和に合わせ、市当局主導で市内の路線バス網を再整備した。マイスカイ交通は、それに合わせて三郷市で設立された事業者である。同時期に路線バス事業に参入した事業者は、貸切バス会社が母体になっていることが多いが、同社はトラック会社が母体という異色の存在。路線バス車両数18台で、車両は全車ノンステップバスとなっている。

路線は三郷市内で完結する系統のほか、JR武蔵野線三郷駅から東京都葛飾区に乗り入れ、JR常磐線金町駅まで14・54kmを走行する系統もある（京成タウンバスと共同運行）。そのため小型車だけでなく中型車も在籍。メーカーは日野が主力となっている。

JR武蔵野線三郷駅北口を行くマイスカイ交通の日野製7m尺中型ノンステップバス。紺色のボディに白で社名を記している

ジャパンタローズ

◈JR武蔵野線や東武鉄道へのアクセス需要に対応

ジャパンタローズは東証一部上場の物流企業・丸和運輸機関グループに属するバス事業者。本社は埼玉県北葛飾郡松伏町にある。松伏町には鉄道が通っていないが、JR武蔵野線など3路線が町域を取り囲んでおり、町内の宅地開発が積極的に行われて人口が増加している。その交通需要に応えるため、1997（平成9）年に設立された会社である。

現在は松伏町と町域最寄りのJR武蔵野線南越谷・越谷レイクタウン・吉川の各駅を中型ノンステップバスで結ぶほか、隣接する埼玉県越谷市内でも、小型ノンステップバスによる生活路線を展開している。現在の従業員数は41人、路線バス車両数は27台で、日野車を中心に、埼玉県東部では珍しい三菱ふそう車も所有している。

ジャパンタローズの日野製中型ノンステップバス。ピンク色のボディがトレードマークだが、浦和美園線用に新製した三菱車はレッズカラーの赤色

イーグルバス

◆小江戸・川越の見どころを結ぶ巡回バスが人気

イーグルバスは埼玉県川越市に本社を置く独立系のバス事業者。福祉送迎バスを運行するため、1980（昭和55）年に設立された。1995（平成7）年、〝小江戸〟と呼ばれる川越市街地に点在する見どころを結んで走る「小江戸巡回バス」を、レトロ調の小型ボンネットバスを使って新設。現在に至るまで、観光客に人気を博している。

2002（平成14）年の路線バス事業規制緩和以降は、本社のある川越と羽田空港や京都・大阪を結ぶ空港連絡バス・高速バスのほか、県内の日高市、飯能市、ときがわ市、東秩父村などで路線バスを運行。現在の従業員数は208人、路線バス営業キロは1125・9km、路線バス車両数は33台である。日高地区路線にはいすゞ製の中型ノンステップバスも投入されている。

小江戸巡回バスは川越の見どころを直接結ぶ観光路線バス。川越駅西口発着。特典つきの1日フリー乗車券は500円だ

丸建自動車

◆〝けんちゃんバス〟と呼ばれる地域密着路線

丸建自動車は、埼玉県上尾市に本社を置く独立系の事業者。埼玉県上尾市・蓮田市・北本市・北足立郡伊奈町において〝けんちゃんバス〟の愛称で路線バスの運行を行っている。現在の従業員数は113人、乗合・貸切を合わせた車両数は62台。車両は中型ノンステップバスが中心である。

同社の路線バスで特徴的な点は、多区間運賃が基本の郊外エリアにおいて、どの路線も1乗車200円で利用できること。自治体がバス事業者に運行を委託するコミュニティバスでは、郊外エリアでも均一運賃がよく見られる。しかし丸建自動車では、JR上尾駅〜JR蓮田駅のように、複数の自治体を結ぶ路線でも均一運賃制度を採用している。

蓮田駅西口で発車を待つ丸建自動車の日産ディーゼル製中型ワンステップバス。濃淡の緑色のボディに黄色のラインを入れたボディカラー

ライフバス

◆東上線4駅に発着するきめ細かい路線網

ライフバスは埼玉県富士見市に本社を置く独立系のバス事業者。市域を縦貫する東武東上線の3駅と、富士見市に隣接する埼玉県入間郡三芳町をきめ細かく結んでいる。従業員数は32人、路線バス営業キロは36・5km、路線バス車両数は11台となっている。

この路線は、かつて同町にあった会員制レジャー施設「日本ライフクラブ」と最寄り駅間の送迎バスを、地域住民の足としても活用した取り組みをルーツとしている。そのため、1975（昭和50）年の運行開始当初は会員制でスタートしたが、現在は誰でも利用できる。現在の車両はいすゞ製中型ワンステップバスだが、前面に誇らしげに掲げられた〝Life〟のエンブレムが、その先進的な取り組みをいまに伝えている。

ライフバスのいすゞ製中型ワンステップバス。アイボリーホワイトにワインレッドをあしらったボディで、フロントには“Life”のエンブレム

グローバル交通

◆越谷・吉川・三郷の武蔵野線各駅に乗り入れ

グローバル交通は埼玉県吉川市に本社を置く独立系のバス事業者。2004（平成16）年に貸切免許で設立され、2009（平成21）年に乗合免許を取得して路線バス事業に参入した。路線バス車両数は17台。小型ノンステップバスで統一されており、三菱ふそうエアロミディMJ・MEや日野リエッセが活躍している。また、そのほかに特定バスを多数所有している。

路線はJR武蔵野線の南越谷駅から三郷駅までのほとんどの駅に乗り入れる。電車ではひと駅の三郷駅と新三郷駅の間をTX三郷中央駅経由で結ぶ〈三－01〉系統は、路線の西側で旧東武路線を代替しているが、東武バスが中川べりを走っていたのに対し、内陸に並走する県道を走行する。

三郷市内を走るグローバル交通の三菱ふそう製小型ノンステップバス。裾部に青、その上に緑と赤のウェーブを描いたカラーリングである

大島旅客自動車【東海汽船グループ】

◆伊豆大島全域に生活路線と観光路線を展開

大島旅客自動車は〝大島バス〟と呼ばれる伊豆大島の事業者である。伊豆大島に路線バスが走り始めたのは１９３１（昭和６）年。南伊豆でバス事業を営んでいた下田自動車（現・東海自動車）により運行された。同社はまもなくこのバス事業を大島自動車商会に譲渡。戦後は伊豆諸島の航路を運航する東海汽船に合併された。さらに２００３（平成15）年９月、東海汽船は１００％出資の大島旅客自動車を設立し、バス事業を分社化した。

路線は島の西側の元町港を起点に、大島公園、三原山、波浮《はぶ》方面へ延び、大島公園と三原山、大島公園と波浮を結ぶ観光路線もある。路線バス車両数は15台。東海汽船時代はトップドアの大型車が主力だったが、現在は中小型の低床車の比率が高くなっている。

大島旅客自動車の日野製中型ワンステップバス。ほかに小型車も在籍。路線バスは黄色一色、貸切バスはピンク一色に塗られている

八丈町

◆バスと温泉を組み合わせたフリー切符が人気

伊豆諸島の八丈島には、八丈町企業課が運営する町営バスが走っている。八丈町営バスは1957(昭和32)年10月に開業。島の東側の神湊から役場前を通り、西海岸を島の南側の末吉方面へ向かうほか、島の西側にあたる八重根地区の循環路線、役場や空港など島の中心部の循環路線もある。かつて運行されていた定期観光バスは、2010(平成22)年に廃止されたが、2日間バス乗り放題+温泉入り放題の「BU・S・PA」(バスパ)というチケットが販売されており、素朴な立ち寄り湯をはしごしながら島内散歩を楽しめる。

現在の町営バスの従業員数は16人、路線バス車両数は4台。中小型のノンステップバスを積極的に導入し、乗客の多くを占める島の高齢者たちのニーズに応えている。

八丈町営バスのいすゞ製中型ノンステップバス。このほか小型車も活躍する。白いボディに1台1台異なるデザインが施されている

三宅村

◆全島避難解除から復興を支えた島内一周路線

伊豆諸島の三宅島には、三宅村観光産業課が運営する村営バスが走っている。三宅村営バスは1951（昭和26）年11月に開業。2000（平成12）年6月の三宅島噴火時には全住民が島から避難し、運休を余儀なくされたが、翌年の2月に避難指示が解除され、運行を再開している。路線は島の外周をひとまわりする形で、左廻りは高校前から三池へ、右廻りは三池から高校前へ、いずれも空港などがある坪田地区を重複して走行する。

現在の村営バスの従業員数は8人、路線バス営業キロは50・1km、車両数は貸切バスを含めて10台。トップドアタイプの大型車・中型車のほか、7mのワンステップバスも保有する。噴火による全島避難中の一時帰宅輸送には、東京都交通局から都バス車両が無償提供された。

三宅村営バスの三菱ふそう製ハイデッカー。トップドアの中型車、7m尺の中型ワンステップバス、小型車もあり、カラーは白地に青のライン

第3章

東京の路線バスに乗る

電車よりずっとゆっくり走る路線バスに乗ると、東京のディティールが見えてくる。下町の新名所や山手の住宅地、国際空港やマンモス団地、世界規模のダムや離島の活火山など、東京の多彩な表情が楽しめる。

東武バスセントラル「スカイツリーシャトル®」上野・浅草線

◆天井がガラス張りの専用車両が魅力

2012(平成24)年5月、「東京スカイツリー®」がグランドオープン。自立式電波塔としては世界一の高さ634mを誇り、日本を代表する観光スポットのひとつとなった。

スカイツリー®は東武グループの企業が開発・運営。最寄り駅も、東武鉄道の「とうきょうスカイツリー」(業平橋から改称)と「押上(スカイツリー前)」である。押上には東京メトロ・都営地下鉄・京成電鉄も停車し、利便性が高い。さらに、東武バスでは「スカイツリーシャトル®」を新たに運行開始。上野・浅草線、東京駅線、羽田空港線、東京ディズニーリゾート®線、お台場線、和光・志木線が、鉄道を補完してアクセスしている。

上野・浅草線は東京スカイツリータウンの1番乗り場から発車

日曜日の夕方、東京スカイツリータウン®の1番乗り場で、上野・浅草線を待つ。上野・浅草線は平日20分間隔、土日祝日15分間隔。まもなく、東武バスの一般車両とはまったく異なるスカイブルーの中型ノンステップバス、上野・浅草線の専用車が入線する。スカイツリー観光を終えた家族連れやカップルなど20人近くが乗車。いずれも運賃をICカード（216円）ではなく現金（220円）で支払っており、遠方からの観光客だと思われる。

17時15分に発車。言問《こととい》通りに出て、浅草通りへ右折する。黄昏どきだというのに、車内が明るい。見上げれば、バスの天井がガラス張りだ。スカイツリーや沿線の街並みがパノラミックに楽しめるよう、上野・浅草線の専用車は天窓つきの車両が中心なのである。

「次は吾妻橋です」の車内放送に合わせ、前方の

専用の中型ノンステップバスはガラス張りの天井からも沿線風景を楽しめる

東京スカイツリーをバックに浅草通りを西へ向かう

ディスプレイに日・英・中・韓の４か国語の案内表示。２つめの浅草雷門では、仲見世や浅草寺のガイダンスが続く。ほかの「スカイツリーシャトル®」が高速バスタイプの車両で、スカイツリーと駅や空港などを直結しているのに対し、上野・東京線はスカイツリーを起点として、観光スポットに停車しながらループ運行。利用者を観光客に絞った周遊バスなのである。ＩＣカードには、上野・浅草線が乗り降り自由になる一日乗車券（４２０円）を記録してもらうこともできる。

　吾妻橋で隅田川を越え、雷門通りに立つ浅草雷門のバス停に停車。浅草散策を楽しむであろう７人が下車し、スーツケースを携えた３人家族が乗り込んだ。直行バスでなく周遊バスにした甲斐があるというものだ。雷門通りの歩道には多くのバス停が並ぶが、それらはいずれも都バスと京成タウンバスのもの。東武バスの都内路線は足立区や葛飾区を中心とし、スカイツリー周辺にはなかった。スカイツリーが東武グループの運営とはいえ、東武バスが上野・浅草線のような路線を開設できたのは、規制緩和の賜物と言えよう。

隅田川を渡り浅草雷門に停車。浅草観光を楽しむ人たちが乗降する

雷門一丁目交差点を左折、寿四丁目交差点を右折して、浅草通りに戻る。近年は食品サンプルなどが外国人観光客に人気の「かっぱ橋道具街」が、右手奥にちらりと見える。今度は上野公園と数々のミュージアム、上野動物園と〝アメヤ横丁〟のガイドを聞きながら昭和通りに入り、上野駅を右手に中央通りへ。JR線のガードをくぐって右折し、橋上駅の高さまで上る。公園口改札前を通過してすぐ、上野駅・上野公園停留所に停車する。ここですべての乗客が降車。代わりに、4人家族と3人の婦人グループが乗ってきた。

発車は17時37分。JR線の何本ものレールを見下ろす陸橋を越え、急坂を下って昭和通りに入る。車内放送がスカイツリーについて詳しく解説。ディスプレイにスカイツリーの展望台や東京スカイツリータウンの「すみだ水族館」などが映し出される。浅草通りを東へ戻り、寿四丁目交差点を左折。陽が落ちて飲食店の看板が灯り、先ほどとは異なる浅草だ。渋谷や新宿のようなけばけばしい色彩は見られず、大人の街といった雰囲気である。

浅草ビューホテルで、小学生男子2人とお母さんが乗車。荷物を持っていないので、ホテル

台東区「めぐりん」とともに上野駅公園口近くのバス停に発着

でひと休みしたあと、スカイツリー観光へ出かけることにしたのかもしれない。

西浅草三丁目で右折して、言問通りを行く。隅田川を越える言問橋にかかると、正面にそびえ立つスカイツリー。間近で見上げるスカイツリーは驚くほど大きく、ライトアップされた姿をバスの天窓から見上げる。とうきょうスカイツリー駅をくぐって左折し、18時02分にスカイツリータウンに到着。待ちかねたように、乗客がみな降りていった。

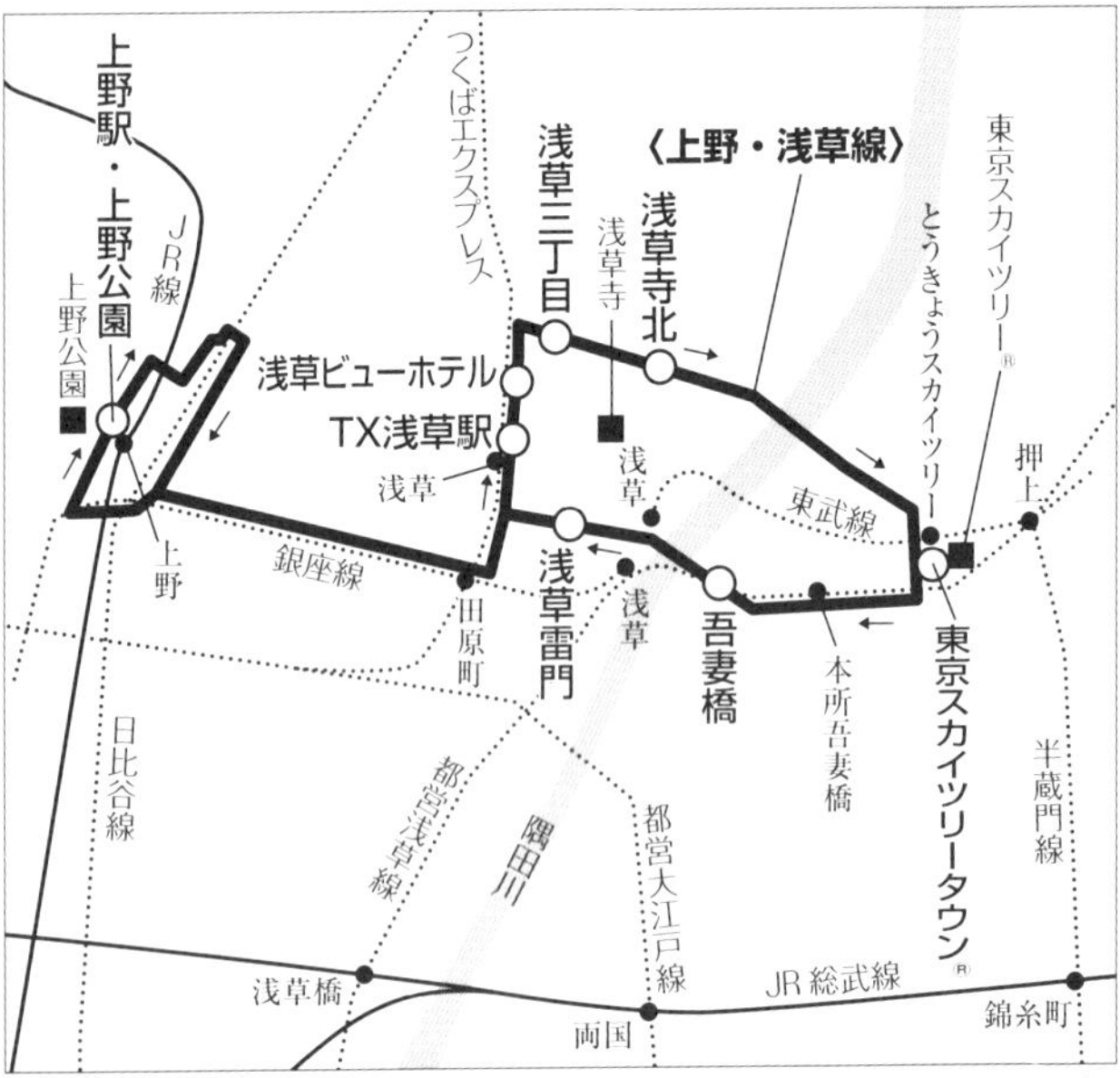

○：東武バスセントラル「スカイツリーシャトル®」上野・浅草線の路線略図（●：駅）

京成バス「シャトル★セブン」〈環08〉系統

◆下町と夢の世界を急行運転で直結

漫画『こちら葛飾区亀有公園前派出所』の人気キャラクター・両津、中川、麗子の銅像が設置されているJR亀有駅南口。銅像の近くの1番乗り場には、他の京成バスと異なるピンク色の大型ノンステップバスが発着する。ボディのサイドに大きく描かれた「7」の文字。環七通り経由で下町とディズニーリゾート®を結ぶ「シャトル★セブン」〈環08〉系統である。

9時47分発に乗車。運転士に「ディズニーシーまで」と告げると、PASMOから410円（現金も410円）が引かれた。都県境を越えるこの路線は、都内だけの利用なら206円（現金は210円）だが、ディズニーリゾート®まで乗車すると運賃が異なる。

20人以上の乗客は、ほとんどが都内の停留所名を申告。若いカップルひと組だけが、「ディ

「シャトル★セブン」は『こち亀』の人気キャラクターを横目に亀有駅南口から発車
©秋本治・アトリエびーだま/集英社

ズニーシー®」と告げて乗った。〈環08〉は亀有駅から環七経由でJR総武線以南まで行く唯一の路線。地元の移動手段としての利用価値も高そうだ。一方、ディズニーを思い切り楽しみたいカップルやファミリーは、きっと早朝から出かけるはず。それを証明するように、毎時1～2本のダイヤの〈環08〉が、朝7時台だけ3本設定されていた。

片側2車線の環七通りは、大型車がめだつが流れはスムーズ。バスは老健青戸こはるびの里、青砥駅東交差点に停まって京成線の高架をくぐり、奥戸運動場に停まってJR総武線をまたぐ。その他の停留所は通過する急行運転。一般路線が側道から交差点を渡るのに対し、交差点をオーバークロスする高架道路を行くので、思ったより速達性に優れている。〈新小58〉系統が並走する奥戸運動場までの区間で、降りる人がいるのもうなずける。

環七上のバス停で乗せた人たちの多くを一之江駅で降ろす

鹿本中学前の交差点を過ぎてすぐ、小岩駅行きの「シャトル★セブン」とすれ違う。小岩駅を起終点として、鹿本中学前の交差点以南の環七通りを走行する〈環07〉だ。こちらは葛西臨海公園駅折り返しの区間便もあり、これを合わせた本数は〈環08〉より多い。

環七上のバス停から乗り込む人も多く、大杉第二小学校では何人かが通路に立つ。しかし都営地下鉄新宿線の一之江駅でどっと降り、車内は10人足らずになる。ここでもうひと組、ディズニーランドに行くカップルがＰＡＳＭＯで乗車。一之江駅以南の都内停留所〜ディズニーリゾート®間の運賃３０９円（現金は３１０円）が２人分差し引かれた。

いつのまにか片側４車線に広がり、都バスの姿が目につくようになった環七通り。古川親水公園のバス停を通過する。環七通りを挟んで東西に続く「古川親水公園」は、夏場には近隣の子どもたちで賑わうところ。周辺の宅地化で生活排水が流れ込み、ドブ川と化した古川を１９７０年代に再生させたもので、全国初の親水公園として知られている。

東京メトロ東西線の高架をくぐり、葛西駅前のロータリーに入って停車。杖が頼りのおばあさんなど３人を降ろす。バス乗り場にいたカップルに、スカイツリー行きの乗り場を尋ねられた運転士。「道路を渡った反対側の……」と丁寧に教えている。他社が運行する「スカイツリーシャトル®」の乗り場をきちんと把握し、案内できることに感心した。

古川親水公園バス停付近では片側４車線の環七通りを快調に走る

首都高速湾岸線とJR京葉線をくぐり、葛西臨海公園駅へ。観覧車や水族園、宿泊施設も併設された「葛西臨海公園」は、江戸川区内随一のレジャースポットだ。1990年代には江戸川区が2階建てバスを購入。都バスと京成バスが小岩駅〜葛西臨海公園間で受託運行した。これを引き継いだ形の「シャトル★セブン」は、2007（平成19）年から試験運行を開始。葛飾区とディズニーリゾート®へ延長して観光客のニーズに応え、2階建てバスより停車停留所を増やして地元利用者を取り込んだことが特徴と言えよう。

若いカップルふた組だけになったバスは、首都高速と並走する国道357号で旧江戸川を渡り、千葉県浦安市に入る。まずは「東京ディズニーランド®」のバスターミナルに停車。JR舞浜駅前を通過すると、「イクスピアリ」と「ディズニーアンバサダーホテル」が並ぶファンタスティックな車窓になる。ミッキーマウスをモデルにしたシャトルバス「ディズニーリゾートクルーザー」とすれ違ったりして、もうパーク内にいるようなワクワクした気分。亀有駅からちょうど1時間で、「東京ディズニーシー®」に到着した。

葛西臨海公園の大観覧車をバックにディズニーリゾート®をめざす

ディズニーランドからJR舞浜駅前を通過して終点のディズニーシーへ

○：京成バス「シャトル★セブン」〈環07〉〈環08〉系統の路線略図（●：駅）

東京都交通局「グリーンライナー」〈都02〉系統

◆都市新バスになった元都電〈16〉系統

都電荒川線の軽快なジョイント音が響くJR大塚駅前。いまは荒川線だけになった都電だが、1960年代には都心部全域に路線を持っていた。荒川線のレールの隣で発車を待つ大塚駅前〜錦糸町駅前間の都バス〈都02〉系統。この路線も1971（昭和46）年までは都電〈16〉系統だった。16時50分発のバスに乗り、現在の様子を観察してみよう。

お年寄りから幼い男の子まで幅広い年齢層の十数人を乗せ、大型ノンステップバスは発車。「本日はグリーンライナーをご利用いただき、ありがとうございます」と車内放送が流れる。系統番号に「都」がつく路線は「都市新バス」と呼ばれ、バスロケーションシステムの導入や走行環境の整備などが行われた幹線。全部で8系統あり、それぞれに愛称がついている。〈都02〉の愛称は「グリーンライナー」だ。8系統中6

都電荒川線のレールの隣から発車する〈都02〉「グリーンライナー」

系統はもともと都電の路線であり、都電のルートがいかに都民のニーズをとらえたものだったかがわかる。

1つめの新大塚で、幼い男の子がお母さんと一緒に降りる。大塚駅前の歩道でずっと都電・都バスを眺めていた男の子。乗り物が大好きで、歩いて帰れる自宅まで「都バスに乗りたい」とわがままを言ったのかもしれない。新大塚からは春日通りを行く。窪町小学校前の停留所名は大塚車庫前から変更されたもの。一昨年の春まで、都電時代からこの路線の車両基地だった大塚支所があったところだ。現在の〈都02〉は巣鴨営業所が所管している。

地下鉄丸ノ内線の茗荷谷駅前で10人ほど乗車。各停留所に仕事帰り、学校帰りの待ち人がいて、座席が埋まっていく。左手に徳川将軍家の菩提寺・伝通院の山門、前方に「東京ドームシティ」のジェットコースターが見え、富坂を下ると、都営地下鉄三田線・大江戸線の春日駅前。ここでも多くの乗降があり、通路に立ち客が出た。この時間帯8分間隔で走る〈都02〉だが、なるほど「都市新バス」に選ばれるだけの繁盛ぶりである。

春日駅前の乗り場には仕事帰り、学校帰りの利用者の列ができていた

白山通りを越えて真砂坂を上り、左手奥に東大本郷キャンパスの緑を望みながら本郷通りを横断。右手に湯島天神の鳥居と社務所を見ながら切通坂を下る。東京では「山の手の坂、下町の橋」と言われ、山の手では坂、下町では橋の名前を知らずに、暮らしていけないとされている。〈都02〉の坂はここで終わり。バスは山の手から下町へ入っていく。

中央通りを越えると、左右の歩道に人があふれる繁華街。〝アメ横〟の看板を掲げた路地を左手に、JR山手線・京浜東北線などのガードをくぐる。17時22分、御徒町駅前に停車する。山の手の乗客がどっと降り、代わりに下町っ子たちが乗車。込み合う車内に、ベビーカーをたたむママ友二人組へ、「お母さんは大変だぁ。でもね、すぐ大きくなっちゃうよ」と優先席のおじいちゃんが声をかける。車内も下町らしい温かな雰囲気になった。

昭和通りを渡り、右折待ちの台東区コミュニティバス「めぐりん」を追い抜く。三筋二丁目

買い物客があふれる“アメ横”をかすめ、JR御徒町駅のガードをくぐる

でおじいちゃんが、「バイバーイ！」と赤ちゃんに手を振って下車。江戸通りを越え、左手にスカイツリーを望みながら、アーチ型の厩橋で隅田川を渡る。隅田川下流の橋は戦前に架けられたものが多く、いずれも個性的で美しい。清洲橋、永代橋、勝鬨《かちどき》橋は国の重要文化財、白鬚橋、言問《こととい》橋、吾妻橋、駒形橋、厩橋、蔵前橋、両国橋は東京都の歴史的建造物に指定されている。

　清澄通りに右折し、蔵前橋通りへ左折。各停留所で下車があるが、代わりに乗る人もいるので車内の混雑は変わらない。石原二丁目では塾通いらしい小学生男子2人が乗車。都電の時代の子どもはこの時刻、おじいちゃんと大相撲中継を見ていたものだが、現代の小学生は忙しい。親水公園になった大横川を法恩寺橋で越えると、再びスカイツリーが出現。路地を渡るたび、古い家並みの向こうにスカイツリーが覗く。大相撲中継の電波も、いまは東京タワーではなくスカイツリーから飛んでいるのだなぁ、としみじみ見上げる。

　四ツ目通りへ右折した太平三丁目で、ママ友二人組が下車。夕闇がせまるなか、バス停前に誕生したショッピ

アーチ型の厩橋で隅田川を越え、清澄通りへ右折する

ングモール「オリナス」がきらめく。終点の錦糸町駅前には17時50分に到着。1番乗り場に、折り返しの〈都02〉大塚駅行きを待つ長い列ができていた。

陽が落ちた錦糸町駅前には、折り返しの大塚駅行きを待つ人々が並んでいた

○：東京都交通局「グリーンライナー」〈都02〉系統の路線略図（●：駅）

日立自動車交通　文京区「Bーぐる」目白台・小日向ルート

◈庭園めぐりも楽しめるコミュニティバス

「文京区をぐるっとめぐるコミュニティバス」――そんな意味を込めて命名されたのが、文京区コミュニティバス「Bーぐる」だ。車両はイメージキャラクターのビーグル犬がデザインされた小型ノンステップバス。日立自動車交通が運行を受託し、区内北東部の千駄木・駒込ルートと西部の目白台・小日向ルートをいずれも20分間隔で循環している。

コミュニティバスは、一般的に地元の利用者が多い。しかし、狭い範囲に観光スポットが点在する都区内では、街歩きにも便利なツールとなる。江戸時代に武家屋敷が多かった文京区には、いまもいくつかの庭園が残り、都会のオアシスとなっている。今日は「Bーぐる」の目白台・小日向ルートを中心に利用し、春爛漫の庭園散歩を楽しんでみる。

「文京シビックセンター」の前には「Bーぐる」が2ルートとも発着

都営地下鉄春日駅の5番出口から、文京区役所が入居する「文京シビックセンター」の西側へ。歩道に立つ文京シビックセンター（春日駅前）バス停には、どちらのルートも停車する。最初の目的地「小石川後楽園」は、千駄木・駒込ルートの小石川後楽園入口、目白台・小日向ルートの小石川税務署から近い。一乗車100円のところ、乗り放題300円の一日乗車券を購入し、後楽園の築地塀を車窓に見ながら1停留所だけ揺られる。

「小石川後楽園」では樹齢60年のシダレザクラが迎えてくれる

「小石川後楽園」は1629（寛永6）年、水戸徳川家の祖である頼房が中屋敷の庭としてつくったもの。2代藩主の光圀の時代に完成した。最初に迎えてくれるのは、樹齢60年のシダレザクラ。池のほとりに並ぶソメイヨシノは、その美しい姿を水面に映す。光圀は明の儒学者・朱舜水《しゅしゅんすい》を設計に参加させたそうで、中国的な趣向が随所に見られる。

小石川税務署を出た目白台・小日向ルートのバスは、牛天神下の交差点を右折。低層のビルと木造住宅が並ぶ2車線道路を走る。4つめの文京総合福祉センターで、目白台を回ってきたこの路線と離合。運転士に乗継券をもらえば、改めて運賃を支払わずに乗り継ぐことができる。たとえば文京シビックセンターから茗荷谷駅方面へ、護国寺駅から江戸川橋駅方面へショートカットできるのだ。8の字型の片回り路線ゆえのサービスである。

神田川の南側の有楽町線江戸川橋駅にいったん寄り道。目白通りに入って目白新坂を上り、「椿山荘」のエントランスに乗り入れ、ホテル椿山荘東京のバス停に停車する。

「椿山荘」の名は1878（明治11）年、椿が自生するこの土地を購入し、屋敷にした山縣有朋が名づけたという。戦後は藤田興業の所有となり、結婚式場として営業を開始。庭園では2月中旬のカワヅザクラから4月中旬のヤエザクラまで、2か月にわたって花見が楽しめる。神田川に面した冠木門《かぶき》を出て、江戸川公園と神田川べりの桜も観賞。江戸川橋の上に立つ、江戸川公園のバス停から再び乗車するコースをお薦めしたい。

バスは目白通りをさらに西へ。日本女子大の先と護国寺の前で右折し、有楽町線護国寺駅に停まる。講談社前

「椿山荘」の冠木門を出ると、神田川のほとりの桜が楽しめる

で左折して、筑波大附属中、お茶の水女子大、跡見学園女子大に囲まれた文教地区を走行。住宅街の一方通行の急坂を下ると、先ほど通った文京総合福祉センターだ。一方通行の急坂を上って文教地区に戻り、春日通りに右折して丸ノ内線茗荷谷駅に停車。すぐに左折して区立一中裏を右折し、桜並木の播磨坂を下る。まさにコミュニティバスといった複雑なルートだ。千川通りに出たところに、共同印刷のバス停がある。

共同印刷の北側の路地に門を構えるのは「小石川植物園」。江戸幕府は1684（貞享元）年、麻布南にあった薬園を小石川の徳川綱吉の別邸に移設。明治時代に東京帝国大学が創設されると、その附属植物園となった。いまも東大の教育実習施設のひとつだが、樹

住宅地の一方通行の坂道を下り、再び文京総合福祉センターのバス停を経由

「小石川植物園」のソメイヨシノは手の届く高さに枝を広げている

齢130年のソメイヨシノの並木が花を咲かせる季節、多くの来園者で賑わいを見せる。

千川通りを南下したバスは南北線後楽園駅に停車。春日通りを越えれば、文京シビックセンター（春日駅前）のバス停となる。目白台・小日向ルートは一周およそ1時間。3つの庭園を散策すると、ちょうど一日コースとなる。また千駄木・駒込ルートの沿線には「六義《りくぎ》園」があり、広げた枝の幅が20mにも及ぶみごとなシダレザクラが待っている。

◯：文京区「B ーぐる」目白台・小日向ルートの路線略図（●：駅）

羽田京急バス〈空51〉系統

◆空港と川崎駅を各駅停車で結ぶ

羽田空港国内線第2ターミナル1階の到着ロビーを出る。400m以上あるホームに並ぶ19のバス・タクシー乗り場。川崎駅行き〈空51〉系統は前寄り15番乗り場から、日中は30分間隔で出ている。14時32分発に乗車。運賃箱にPASMOをタッチすると、276円（現金は280円）が差し引かれる。京急バスの都内均一運賃は、ICカードを使えば216円（現金は220円）だが、羽田空港発着路線には割増運賃が適用されている。

車両は大型ノンステップバスで、羽田京急バス東京営業所の所属。京浜急行電鉄は1999（平成11）年に子会社の京急バスを設立し、羽田地区の路線の移管を開始した。京急バスはのちに羽田京急バスと改称。現在はリムジンバスや夜行高速バスも担当している。

羽田空港第2・第1ターミナルとも、「空51」川崎駅行きは15番乗り場から発車

首都高速をまたいで第1ターミナルに停車。合わせて8人になった乗客は、アタッシュケースを持ったビジネスマンや小ぶりなバッグを提げた女性など。国内線とはいえ、空路を使った長旅にしては軽装で、短期間の出張か、帰宅する空港関係者かもしれない。

滑走路をくぐり、国際線ターミナルへ。出発ロビー前のホームを通過し、ターミナル西側のループを一周する。ループの途上は待機場に入るリムジンバスやタクシーで大渋滞。なんとか抜け出し、今度は到着ロビーとエスカレーター等で結ばれたホームの10番乗り場に停車する。バスが無駄な動きを強いられる、奇妙な構内レイアウトである。ここで大きなスーツケースを転がす若者が1人乗車。空港連絡路線らしい雰囲気になった。

国際線ターミナルからは大きなスーツケースを抱えた若者が乗り込み、羽田と六郷では地元の人々も乗車

左手に多摩川の川面を望みながら少し走ると、真っ赤な大鳥居が目に入る。穴守稲荷神社の鳥居で、戦後、羽田空港拡張のため周辺民家が立ち退いたあとも残され、平成に入ってB滑走路が建設されるとき現在地に移された。江戸時代に現在の空港一帯が開墾された際、水田を塩害から守るため建立された穴守稲荷神社。かつて五穀豊穣を願った羽田の人々は、大鳥居の移

転費用を有志で負担し、水田が消えて久しい現代も信仰を続けている。

　弁天橋を渡ると車窓は一変。古い民家の中に低層のビルが点在する。地元のお年寄りや主婦が次々に乗り込み、座席が埋まっていく。京急が羽田空港～川崎駅間にバス路線を開設したのは１９８７（昭和62）年。当初は高速タイプの車両が途中ノンストップで走るリムジンバスだった。しかし羽田空港利用者の増加を受け、京急電車の空港線を空港直下まで延長。バスは各駅停車の一般路線に変更された。その結果、いまはスーツケースを抱えた旅行者と買い物袋を提げたおばあちゃんが乗り合わせる、不思議な路線になっている。

　首都高速羽田線をくぐり、産業道路へ左折。大師橋下で右折し、再び民家に囲まれた旧道に入る。産業道路には〈蒲45〉系統が走り、大師橋を渡って蒲田駅と浜川崎駅近くのＪＦＥを結んでいる。羽田京急バスが運行する、もうひとつの都県境を越える路線である。

　まもなく六郷水門前というバス停を通過。バス通りから多摩川に向かって歩くと、短い水路

古い民家が軒を連ねる多摩川沿いの旧道では、地元の人たちが乗り降りする

に釣り船が休んでいる。そして水路と多摩川を隔てる土手に、古めかしい水門が見える。羽田や六郷を度重なる高潮や洪水から守るため、土手の改修が始まったのは大正時代のこと。六郷水門は１９３１（昭和６）年、六郷用水の排水路として土手に建設された。多摩地域の宅地化により六郷用水のほとんどが埋められたが、六郷水門は今日まで残存。河川改修と農作地域時代を物語る証人として、日本の近代土木遺産に選ばれている。

第一京浜の高架をくぐり、その側道へ右折。Ｕターンするように高架に上がり、六郷橋で多摩川を越える。対岸は神奈川県川崎市で、左手に川崎競馬場のスタンド。競馬開催日には羽田京急バスと川崎鶴見臨港バスが、ＪＲ川崎駅東口から無料送迎バスを運行する。

川崎市役所前で右折し、ＪＲ川崎駅東口に到着する。羽田空港からの所要時間はおよそ50分。都県境を越える路線には、多区間運賃を採用しているケースもあるが、〈空51〉は都内均一運

近代土木遺産に選定されている六郷水門。六郷用水の排水路として建設されたものだ

賃（羽田空港発着の場合は空港割増運賃）だけで川崎市内まで乗車できる。川崎鶴見臨港バスと川崎市バスに囲まれ、京急バスは遠慮がちにロータリーで待機した。

終点の川崎駅東口では“海島”と呼ばれる北側のロータリーに入る

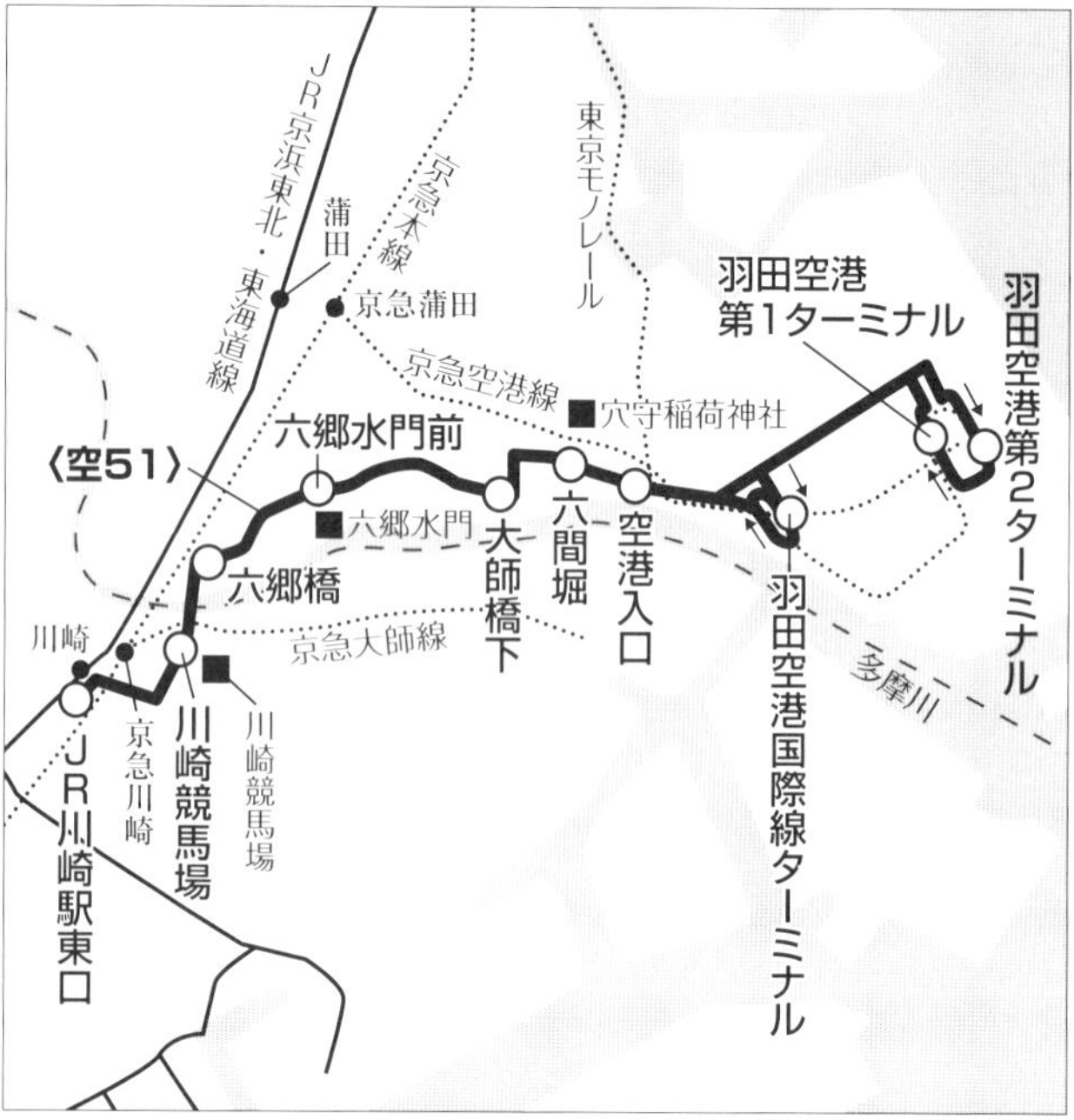

○：羽田京急バス〈空51〉系統の路線略図（●：駅）

東急バス〈東98〉系統

◆都心～郊外直通バスの余韻

2012（平成24）年に復原工事を終え、およそ100年前の開業時の姿が再現された東京駅丸の内駅舎。八角形のドームを見上げ、唯一、駅前に乗り入れる民営バスの一般路線が〈東98〉系統である。この路線は戦後まもない1948（昭和23）年、東京駅～自由が丘間〈113〉系統として開業。東京急行電鉄と東京都交通局の相互乗り入れにより、人口増加が著しい東京郊外と都心を直結した。地下鉄が整備されていなかった当時、相互乗り入れの都心～郊外直通路線が数多く開設され、100番台の系統番号が与えられた。

1959（昭和34）年に等々力《とどろき》まで延長。1972（昭和47）年の系統番号変更で〈東98〉を名乗る。都心の地下鉄網が充実するにつれ、多くの都心～郊外直通路線が山手線を境に分割されるなか、〈東98〉は運行を継続。東京急行電鉄が東急バスを分社したのちの2013（平

東急バスの〈東98〉は東京駅丸の内駅舎の前に乗り入れる唯一の民営バス路線

成25）年、東京都交通局が撤退し、東急バスの単独運行となっている。

丸の内北口3番乗り場から、目黒営業所の大型ノンステップバスに乗車。9時41分の発車を待つと、「あと3分で発車します」という自動放送。東急バス独特のカウントダウン案内で、発車までの時間を1分ごとに、前方のディスプレイと車内放送が教えてくれる。

ビジネスユース風の男女5人を乗せ、バスは馬場先門で左折。右手に皇居の内濠と石垣、そして日比谷公園の緑が続く。内幸町を過ぎ、愛宕下通りへ。その名のとおり、右手のビルの合間に愛宕山を見上げる。標高25・7m、都区内最高峰の愛宕山は1925（大正14）年、NHKの前身・東京放送局が日本で初めてラジオの本放送を行ったところ。いまは「NHK放送博物館」が開館しており、ラジオ放送の始まりと戦時下の放送、テレビの登場と進化などを紹介。テレビ放送の体験スタジオが子どもたちに人気となっている。

「東京プリンスホテル」に突き当たって右折すると、「東京タワー」がそびえる。高さが2倍あるスカイツリーの出現に、

東京タワーを見上げながら、赤羽橋の交差点で桜田通りに入る

存在感が少し薄れた感のある「東京タワー」。しかし、真下から見上げる333mは十分に高く、バスの車窓に収まり切らない。「東京タワー」からスカイツリーが見たいという人もいたりして、意外にも人気は衰えていないようだ。

桜田通りに入り、都営大江戸線の赤羽橋駅前で、サングラスをかけた婦人が乗車。慶應義塾大学三田キャンパスの東門前では、スリムなヤングミセスがベビーカーを押して乗り込んだ。いつのまにか、ビジネスユースより地元に住む人たちのお出かけといった雰囲気になった車内。高級住宅街という先入観があるせいか、みな品が良く感じられる。

清正公前《せいしょうこう》で目黒通りに右折。「国立科学博物館附属自然教育園」と「東京都庭園美術館」の大きな森を右手に望んだのち、JR目黒駅前に停車した。半数くらいの乗客が入れ替わったものの、車内に残っている人も少なくない。目黒駅を挟んで、港区内と目黒区内を相互に行き来する需要の存在。これが今日まで〈東98〉を分割できなかった理由だろう。

目黒駅前から権之助坂を下ると、「大鳥前商店街」の昭和レトロなアーケードが車窓に

権之助坂を下り、桜の名所・目黒川を渡ると、歩道に昭和レトロなアーケードが残る「大鳥前商店街」。商店街の名にある大鳥神社は、山手通りを越えた左手である。毎年11月に行われる「酉の市」は江戸時代から続くもので、浅草の「酉の市」と並ぶ歴史を誇る。近くにある「目黒寄生虫館」は、知る人ぞ知る人気スポット。300点にも及ぶ寄生虫の液浸標本や関連資料が展示され、売店では寄生虫のプリントTシャツも販売されている。

目黒駅以西の目黒通りは、1986（昭和61）年に都市新バスシステムが導入された幹線。目黒駅前～大岡山小学校前間の〈黒01〉系統など、東急バスが引っ切りなしに走っている。それに交じったこの〈東98〉も、絶えず乗降があり、ずっと座席が埋まっている。

終点の等々力操車所では〈東98〉を含む6系統の東急バスが休憩をとっている

清水を過ぎると、左手に〈東98〉や〈黒01〉などを所管する東急バス目黒営業所。環七通りを横断し、東急東横線の都立大学駅のガードをくぐり、産能大前を過ぎるころには車内が閑散。

東急大井町線に突き当たって線路沿いに西へ向かい、ほどなく等々力操車所に到着した。東京駅から約80分のこの終点は、都区内唯一の渓谷である等々力渓谷の入口だった。

東急大井町線の線路を挟んで、都区内唯一の渓谷と言われる等々力渓谷がある

○：東急バス〈東98〉系統の路線略図（●：駅）

小田急バス〈渋26〉系統

◆渋谷から多摩地域までロングラン

一日最大50万人もの人が通行するという渋谷スクランブル交差点。すぐ近くの渋谷駅0番乗り場から、一日わずか10本の小田急バスが出ている。はるか多摩地域の京王線調布駅をめざす〈渋26〉系統。平日の朝、9時51分発の大型ノンステップバスに乗車してみる。

高齢の男女3人を乗せて発車。道玄坂を上り、玉川通りに入る。2つめの大坂上で男性客が下車。不思議な利用者がいるものだ。というのも、玉川通りは計15系統の東急バスが行き来する同社の牙城。なぜ、一日10本しかバスが出ない0番乗り場に来たのだろう。

小田急バス〈渋26〉はスクランブル交差点近くの渋谷駅0番乗り場から発車

戦後に発足した小田急バスは、山手線に接続して増収を図るべく東急と交渉。東急バスの乗客を奪わないよう、渋谷駅〜三軒茶屋〜上町間を急行運転とすることで、現在の〈渋26〉系統と〈渋24〉渋谷駅〜成城学園前駅間を開業した。世が世なら、男性客は大坂上で降りることはできなかったのだ。のちに急行運転は中止され、〈渋24〉は現在も2社の共同運行で頻発しているが、〈渋26〉は利用者の減少により、減便されていく過程で東急が撤退した。

世田谷通りに右折した三軒茶屋から、各バス停で主婦層などの乗り降りが続く。乗車距離は短いので、小田急でも東急でもよく、たまたま来た〈渋26〉に乗ったという感じだ。かつての急行運転の終端・上町は、東急世田谷線の上町駅近く。バス停の南側の通りでは毎年1月と12月に計4回、〝ボロ市〟が開催される。16世紀に世田谷城下で始まった楽市を起源とする〝ボロ市〟。いまは古着だけでなく、新品の衣料・雑貨や食料品なども並ぶ。通りに構える茅葺きの門は「世田谷代官屋敷」。江戸時代に世田谷の代官職を務めた大場氏の屋敷跡だ。敷地内には「世田谷区立郷土資料館」があり、世田谷の歴史を古代から現代まで時系列で紹介。懐かしい玉電の走る姿が映し出されたVTR番組も観賞できる。

茅葺きの門を構える「世田谷代官屋敷」。門前の通りで"ボロ市" が開催される

東急バス弦巻営業所に近い松が丘交番前を過ぎ、農大前に停車。木立に囲まれた東京農業大

学のキャンパスを右手に望む。農学を扱う国内唯一の大学であり、大根踊りで有名な農大だが、近年はバイオサイエンス分野の研究が盛ん。農大の研究実績は、バス通りを挟んだケヤキ広場にある『東京農業大学「食と農」の博物館』に展示されている。微生物を研究する造り酒屋の後継者も多いようで、卒業生の蔵元の銘酒がずらりと並んでいる。ケヤキ広場の奥にはJRAが運営する「馬事公苑」。馬術競技場を桜並木が囲み、花見の名所でもあるが、東京オリンピックに向けた改修工事のため現在は休苑となっている。

沿道の宅地が少しずつ広くなり、個人商店に代わって大規模なロードサイド店がめだつようになる。大規模な医療施設、関東中央病院と成育医療研究センターの前に停車。その間に、毎年5月の末に一般公開される「NHK放送技術研究所」の前を通過した。

東宝前のバス停を過ぎると、〈渋24〉は成城学園前駅に向かって右折。次の砧小学校下のバス停で、二子玉川駅〜調布駅間の小田急バス〈玉08〉系統が合流する。〈玉08〉はほぼ毎時2

東京農大の前を行く〈渋26〉。近くの「食と農」の博物館では農大の研究実績を発表

本のダイヤ。したがって〈渋26〉は、東側で〈渋24〉、西側で〈玉08〉を補完する存在なのだ。わずかな直通客のニーズに応え、平日は朝夕、土日祝日は日中に10往復を設定。乗車した朝の下り便が世田谷区から狛江市に入ったとき、車内の乗客は5人だった。

狛江銀座を過ぎて右折し、10時45分に小田急線狛江駅の北口ロータリーへ。乗客が入れ替わり、狛江通りをたどる。すれ違う小田急バスがぐんと増え、京王バスも見かけるようになる。左手に〈渋26〉を所管する小田急バス狛江営業所、右手には慈恵医大附属第三病院を眺める。3つめの大規模医療施設であり、〈渋26〉は通院客の足も担っているようだ。

国領八丁目で左折すると、民家の間に畑もちらほら。いよいよ郊外の雰囲気だ。京王バス調布営業所の前を通過。まもなく右折して11時16分、終点の調布駅南口に到着した。

狛江市・調布市は多摩地区ながら、都区内均一運賃を適用。〈渋26〉は渋谷駅から調布駅まで乗り通しても、ICカード利用なら216円（現金は220円）だ。ちなみに電車を利用す

小田急線の狛江駅前を経由。二子玉川駅からの〈玉08〉とともに調布駅へ

ると、渋谷〜調布間は約20分・237円（同240円）、渋谷〜狛江間は約30分・309円（同320円）。時間が許すのであれば、〈渋26〉は割安な移動ツールなのだ。

渋谷から現金運賃220円で終点の調布駅南口に到着。ここには京王バスも頻繁に発着する

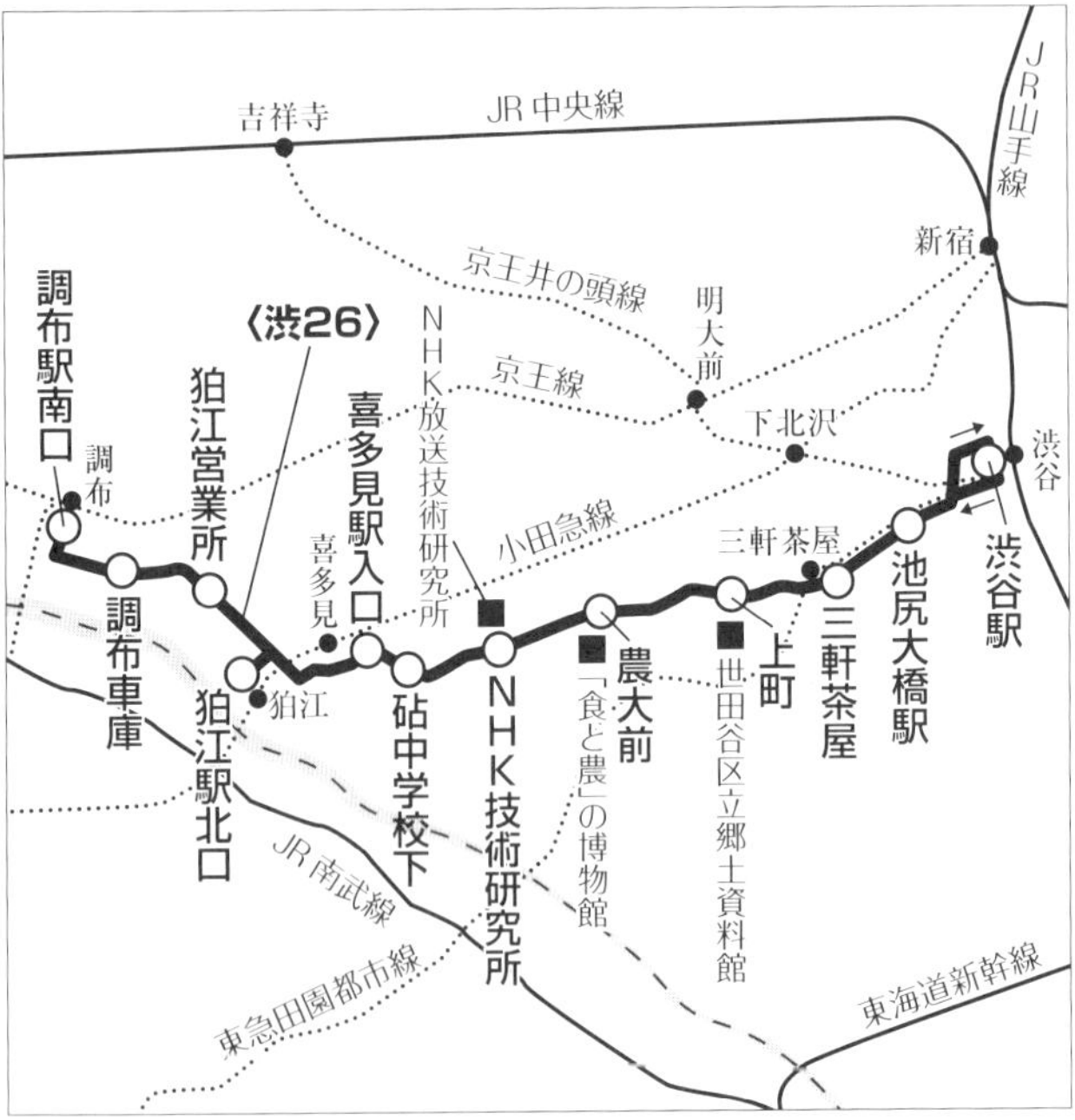

○：小田急バス〈渋26〉系統の路線略図（●：駅）

西武バス〈武15〉〈久留52〉系統

◆開業から半世紀を迎える団地路線

ＪＲ中央線の高架工事が進展し、２００９（平成21）年に高架ホームとなった武蔵小金井駅。駅のすぐ東側で中央線と交差する小金井街道の踏切も解消され、開かずの踏切に泣かされていた路線バスの定時性が向上した。西武バスの〈武15〉系統も、そんな路線のひとつ。高度成長期に開業し、まもなく半世紀を迎える団地路線の現状を観察してみる。

高齢者から高校生まで15人以上が列をつくる北口3番乗り場。14時10分発の〈武15〉滝山営業所行き大型ワンステップバスが入線する。西武バスでは朝夕の混雑が激しい路線に、ノンステップバスより中扉以降に乗客が立ちやすいワンステップバスを導入している。

高架になったJR中央線の武蔵小金井駅北口から西武バス〈武15〉は発車

小金井街道を北上。次々に西武バスとすれ違う。小金井街道は武蔵小金井駅と東久留米駅・

清瀬駅などを結ぶ、10系統の西武バスが行き交う幹線だ。小金井橋で玉川上水を越える。上水のほとりには桜並木が続き、江戸時代からの花見の名所として知られている。

続いて右手一帯に広がる小金井公園も、ヤマザクラやソメイヨシノなど約1700本が植えられた〝桜の園〟。園内にある「江戸東京たてもの園」も有名だ。都内各所にあった江戸時代から昭和初期までの建造物30棟を移築・保存・展示。1960年代の都電の電停も復元されており、都電7500形が1台、当時の姿のまま静態保存されている。小金井公園の北側には、小金井街道を挟んで東西に敷地を持つ「小金井カントリー倶楽部」。開場は戦前という全国屈指の伝統を誇る名門ゴルフコースで、著名人の会員も多いそうだ。

嘉悦大学入口で、女子大生が1人下車。西武新宿線の踏切を渡って花小金井駅入口に停まると、半数の人たちが降りていく。西武バスが車内広告でPRしているように、同社のバス路線はJR中央線・西武新宿線・西武池袋線のショートカット機能を持っている。

小金井公園の「江戸東京たてもの園」には都電と電停が保存されている

花小金井駅の駅前からは、滝山営業所方面に行く〈花01〉〈花02〉が毎時6本程度出ている。このため毎時ほぼ3本の〈武15〉に、小金井街道まで歩いて乗る人はいない。空席が増えたバスの車内は乗客の平均年齢がぐんと上昇。すぐ後ろに掛けたご婦人二人組の昔話から、「進駐軍」という単語が聞こえてきたので、おそらく80歳代ではなかろうか。

計画戸数およそ3200戸。西武沿線有数の大規模団地・滝山団地の入居が開始されたのは1968（昭和43）年。西武バスでは同年に滝山団地～東久留米駅間、翌年に滝山団地～花小金井駅・武蔵小金井駅・武蔵境駅間の路線を運行開始。これらを所管する滝山営業所を新設した。およそ半世紀が経過したいま、滝山団地の高齢化率は40％を超え、東久留米市平均の約27％を大きく上回る。当然、バスの乗客も高齢化が進んでいるのだ。

青梅街道と新青梅街道を越え、左折して滝山団地入口停留所を通過。ほどなく四角い中層住宅群が現れる。滝山二丁目、団地センター、滝山五丁目、滝山団地と停車。2～3人ずつ乗客を降ろし、武蔵小金井駅からおよそ40分で終点の滝山営業所に到着した。

滝山団地の団地センターバス停付近を行く〈武15〉滝山営業所行き

団地内のバス通りを歩いて団地センターまで。団地とともに開設された滝山小学校は廃校になったと聞くが、自転車の子どもたちとすれ違う。団地センターにある「滝山中央名店会」もシャッター通りなどではなく、およそ50店の個人商店が今日まで営業。また、イオンモール東久留米へのシャトルバスも運行されている。朝は営業所からの出庫を兼ねた通勤通学ダイヤが設定されているので、若い世代の転入も少数ながらあるようだ。

　団地センター停留所で、団地の入居開始とともに開設された東久留米駅行き〈久留52〉系統を待つ。団地内のバス停はいずれも、JR線・西武新宿線方面行きが1番乗り場、西武池袋線方面行きが2番乗り場に分かれている。朝は整列乗車が行われているのだろう。日中の〈久留52〉はおおむね毎時3～4本。15時17分発の大型ワンステップバスには、高齢者に交じって、ベビーカーの赤ちゃんと若いお母さん、ふた組の姿が見られた。

終点の滝山営業所は滝山団地の通勤通学輸送を行うために新設されたもの

　バスは滝山団地入口から左折。小金井街道をさらに北上する。少しずつ乗客を拾いながら、江戸時代には旅籠があったという前沢宿で右折。道幅の狭い旧市役所通りを行く。東久留米郵便局のバス停で、ベビーカーを押して若い2人が下車。新市役所通りに出た本町三丁目でも数人を降ろす。終点の東久留米駅西口までは、およそ20分の道のりだった。

滝山団地と西武池袋線を結ぶ〈久留52〉は、東久留米駅西口の2番乗り場に発着

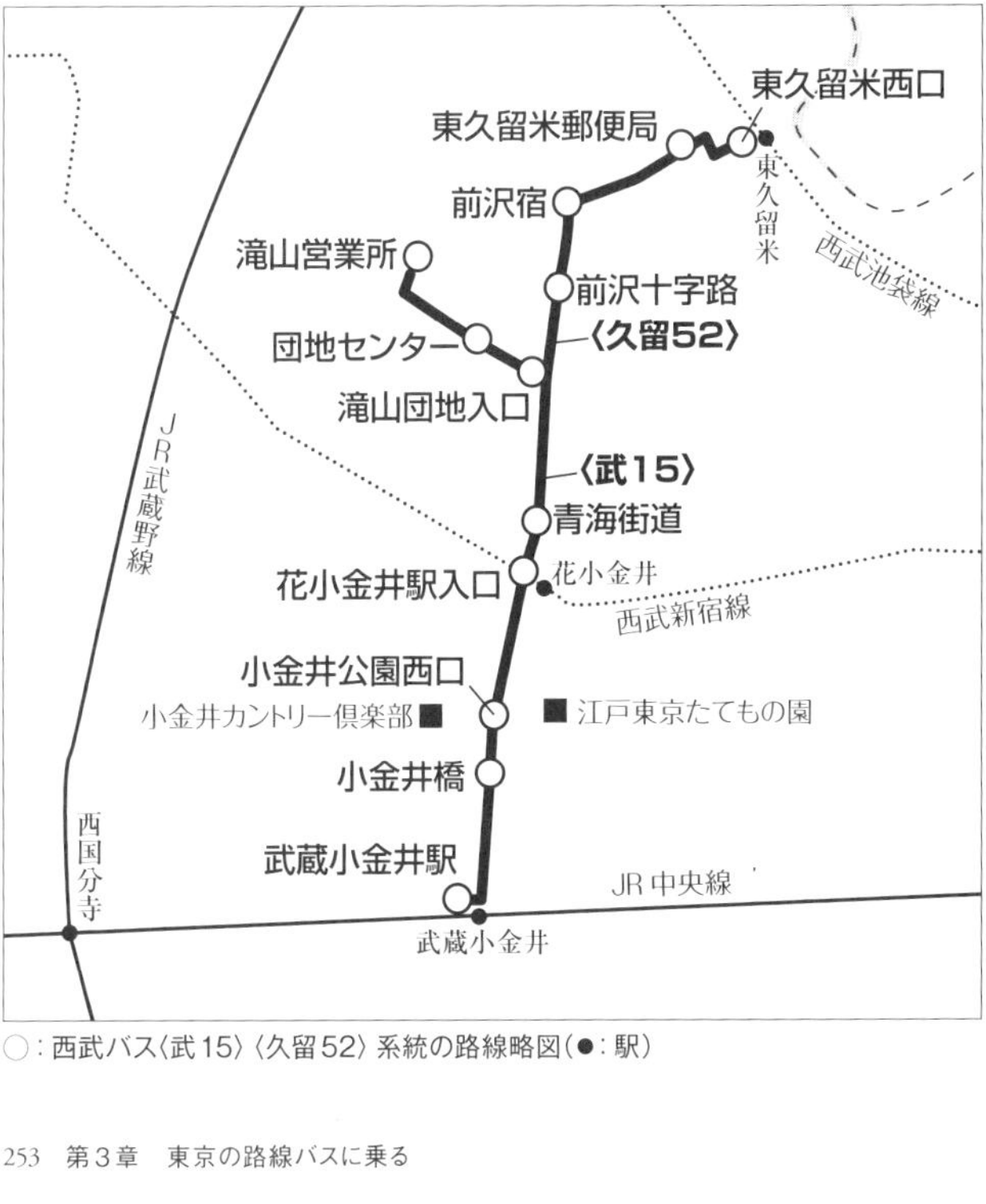

○：西武バス〈武15〉〈久留52〉系統の路線略図（●：駅）

西東京バス〈奥12〉系統

◆都県境を越えて山の湯へ

「関東の駅百選」に認定されているJR青梅線の終点・奥多摩駅。山小屋風の駅舎の向かい側に、西東京バスの氷川車庫がある。木造2階建ての小さな事務所。1階は食堂で、その前がバス乗り場。どこか懐かしい雰囲気に郷愁を感じながら〈奥12〉系統に乗車した。

車両は中型ノンステップバス。車窓を満喫しようと左側最前部、タイヤハウスの上に座ったら、「シートベルトをしてください」と運転士。言われてみれば、タイヤハウスの上の高い座席だけ、シートベルトが設置されている。地元の乗客も観光客も高齢化し、山道で座席から転落した人がいるのだろうか。一般路線バスで初めてシートベルトを締めた。

〈奥12〉はJR奥多摩駅向かい側の西東京バス氷川車庫内にある乗り場から発車

13時25分に出発。国道411号に入り、多摩川と絡み合うように山を登っていく。都県境を越えて山梨県の小菅村をめざす〈奥12〉は、平日・土日祝日とも4往復のダイヤ。区間便や途中で分岐する系統も、この国道を走っている。シーズンオフの平日とあって、車内は地元のおばあちゃんばかり。小さな集落で、1人、また1人と降りていく。

滝のり沢のバス停を通過したところで、錆びついたガーター橋をくぐる。水根貨物線の廃線跡だ。水根貨物線の正式名称は東京都専用線小河内《おごうち》線。小河内ダムを建設する資材を運搬するため、東京都水道局が氷川（現・奥多摩）～水根間に敷設した貨物専用線だ。

その水根を過ぎ、バスはヘアピンカーブで高度を上げ、小河内ダムのかたわらに立つ奥多摩湖のバス停へ。小河内ダムが完成し、都民の水がめ・奥多摩湖が誕生したのは1957（昭和32）年。当時、世界最大の貯水池の誕生に、多くの観光客が押し寄せた。西東京バスの前身のひとつ奥多摩振興は、新宿～奥多摩駅間、立川～小河内ダム間の急行バスを運行。西武鉄道は役割を終えた水根貨物線を買い取り、観光鉄道の開業を計画した。しかしダム湖はその美しさを通年維持することはできず、渇水時やシーズンオフには観光客が落ち込む。結局、観光鉄道は

1950～60年代には多くの観光客を集めたという小河内ダムと奥多摩湖

実現せず、急行バスも1970年代までに廃止されている。

奥多摩湖のバス停前には「奥多摩水と緑のふれあい館」。ダム湖の水を育む奥多摩の自然、そして歴史と民俗について紹介している。レストランではご飯や野菜でダムを再現した「小河内ダムカレー」が人気だとか。けれど今日の駐車場にはライトバンや軽トラックばかり。おそらく地元の人たちが、定食やうどん類など遅い昼食をとっているに違いない。

バスはしばらく奥多摩湖の北岸をドライブ。深山橋で国道139号へ左折し、湖上を渡る。このまま国道411号を直進すれば、山梨県丹波山《たばやま》村で、〈奥10〉系統が平日4往復、土日祝日5往復している。こちら〈奥12〉もほどなく都県境を越え、山梨県小菅村へ。金風呂バス停から先は、村営バスのポールが並んでいる。小菅村営バスは西東京バスの路線を補完し、村内をきめ細かく循環。一時期、レトロ調バスを導入して話題を集めた。

村の中心集落に入り、道幅がぐんと狭まる。役場前で国道から外れ、大菩薩峠東口まで進ん

「奥多摩水と緑のふれあい館」のレストランでは「小河内ダムカレー」が人気メニュー

でUターン。役場前で再び国道に戻り、春にニジマスやヤマメが放流される小菅川を渡る。長い坂道を上り詰め、奥多摩駅からおよそ1時間で、終点の小菅の湯に到着した。

「小菅の湯」は「道の駅こすげ」に隣接する日帰り温泉施設。木組みの大きな湯船のほか、五右衛門風呂や露天風呂なども備えている。無色透明な湯は高アルカリ性。肌がつるつるになることから〝美人の湯〟と呼ばれている。レストランではイワナの刺身やヤマメの塩焼きなど山里の恵みを提供。バス旅であれば、多摩の名酒「澤乃井」も味わえる。

実は、小菅の湯は行き止まりの終点ではない。春と秋の登山シーズンには、土日祝日のみ2往復、鶴峠を越えて上野原駅まで富士急山梨バスが結んでいる。さらに、2014（平成26）年には国道139号に松姫トンネルが開通。富士急山梨バスは小菅の湯〜大月駅間に平日3・5往復、土日祝日3往復を通年運行するようになった。奥多摩地区との結びつきが強い小菅村だが、あくまでも

〈奥12〉の終点は「道の駅こすげ」に隣接する日帰り温泉施設「小菅の湯」

山梨県。大月の高校に通うため下宿していた子どもたちが、自宅から通学できるようになったと、富士急山梨バスの運転士が教えてくれた。

松姫トンネルの開通により、通年運行の富士急山梨バスの路線が開業した

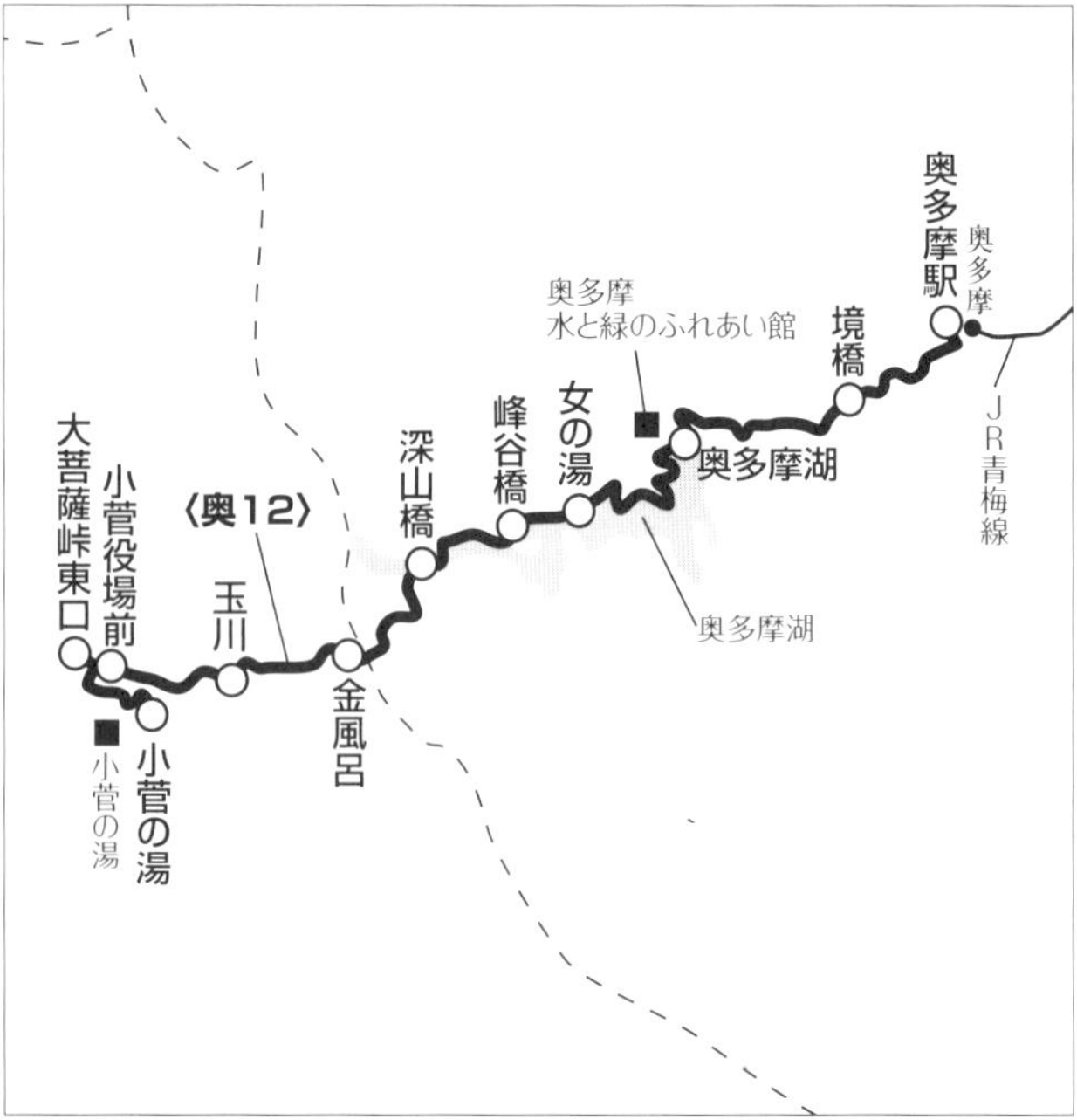

◯：西東京バス〈奥12〉系統の路線略図（●：駅）

三宅村営バス　右廻り

◆火山の島を行く都内唯一の村営バス

都心から南へ175kmの海上に浮かぶ三宅島。島の外周をひとまわりする三宅村営バスの路線があり、右廻りと左廻りが5本ずつ運行されている。島の玄関のひとつ、空港前のバス停から右廻りの1便・6時48分発に乗車。運転士からフリー乗車券を購入する。島一周の運賃が840円のところ、2日券1000円、3日券1500円と割安である。

右廻りは空港前より3停留所北、東海汽船の船が発着する三池が始発。都道を一周して三池に戻ると、空港前や坪田地区の中心をもう一度走り、高校前で終点となる。左廻りはその逆ルートで、高校前から三池まで行く。前扉仕様の中型バスに、先客はいなかった。

左廻りの1便が待機する高校前を通過。島の高齢化・少子化が進み、三宅高校の在校生は35

空港前のバス停から三宅村営バスの右廻り第1便目に乗車する

名だという。この1便は、わずかな高校生とお年寄りの通院のためのダイヤ。2便は病院帰りのお年寄り、3便は東京行きの船に乗る人、4便・5便は下校の高校生に合わせた設定だ。取材した日は春休み期間で、「高校生は乗りません」と運転士に教えられる。

右手に深い森が広がり、大路池《たいろいけ》のバス停を通過。「大路池というのは約2000年前にできた火口湖です。森の中には〝アカコッコ館〟という村営の自然観察施設もあります」と運転士が解説。村営バスでは以前、テープで観光ガイドを流していたが、利用者のほとんどが島民なので、いまは観光客を見かけたときだけ車窓をガイドしているのだそうだ。

視界が開け、島の中心の雄山が望める栗辺バス停に停車。真っ黒に固まった溶岩が、都道を挟んで左右を覆っている。「1983（昭和58）年の噴火の跡です」と運転士。火山の島・三

高校前の回転場では、ここを起点とする左廻りの車両が待機していた

大路池バス停付近の深い森の中には自然観察施設の"アカコッコ館"がある

宅島では過去にしばしば噴火が繰り返され、その痕跡が随所に見られるのだ。

阿古《あこ》地区に入った釜根で初めての乗客。おばあさんが運転士に「中央診療所まで」と告げ、運賃を支払う。三宅村営バスは申告前払い制だ。野球部のユニフォームの中学生二人組は、運賃を支払わずに座席へ。島に1つの小中学校にはおよそ100名の児童・生徒が在籍。3台のスクールバスが送迎しているが、村営バスの無料パスも支給されている。

阿古地区ではさらに部活の中学生と通院のお年寄りが加わり、車内が賑やかになる。役場の庁舎を左奥に見て、鉄砲場のバス停から左折。再び一面の溶岩を見ながら夕景浜のバス停へ。海岸線を南下すれば、メガネ岩という奇岩があるが、バスは都道へ引き返す。

急カーブを繰り返し、この都道の最高地点を越えて伊ヶ谷地区へ。伊ヶ谷のバス停から左折して急坂を下り、防波堤に囲まれた伊ヶ谷港に寄る。風向きと波の状態により、東海汽船はこの伊ヶ谷港に着岸することもある。村営バスは毎日、東京から早朝に着く船を三池港または伊ヶ谷港、錆ヶ浜港で待ち受け、下船した人たちを島内の目的地まで運んでいる。

外周道路を外れて伊ヶ谷港に寄る。東海汽船の客船が着岸することもある港だ

伊豆・神着《かみつき》地区の三宅小中学校前で初めて降車ボタンが押され、中学生が10人以上降りていく。乗車時に行き先を告げているので、運転士は黙っていても下車地でバスを停めてくれる。村営バスに乗り慣れた大人たちは、降車ボタンを押さないのである。中学生の日常の足はスクールバスと家族のクルマであり、村営バスではないことが垣間見えた。

大久保浜まで往復して都道に戻り、ほどなく中央診療所に停車。7人のお年寄りが下車する。毎月1〜2回しか診察が受けられない専門診療があり、その日はとくに患者が多いそうだ。今日は中学校の部活も重なり、「27人乗りました。とても多いほうです」と言う運転士。しかしここで車内には、「空港前まで」と言って乗車した中年男性だけになった。

1940（昭和15）年の噴火でできたひょうた

大海原とひょうたん山をバックにスコリア丘を上る右廻りの村営バス

ん山を海岸線に見て、１９６２(昭和37)年の噴火でできたスコリア丘(軽石でできた丘)を上る。御子敷《みこじき》地区に入ると、朽ちかけた廃墟がめだつ。全島避難を強いられた２０００(平成12)年の噴火後、火山ガスの濃度が最後まで下がらず、長く居住が許されなかったため、諦めて転居した家族が多いのだそうだ。

三池・沖平地区となり、右廻りの起点・三池を通過。企業課前で村営バスの車庫を横目に見たのち、ほどなく左前方に三宅島空港の滑走路。所要1時間20分で島一周を終えた。

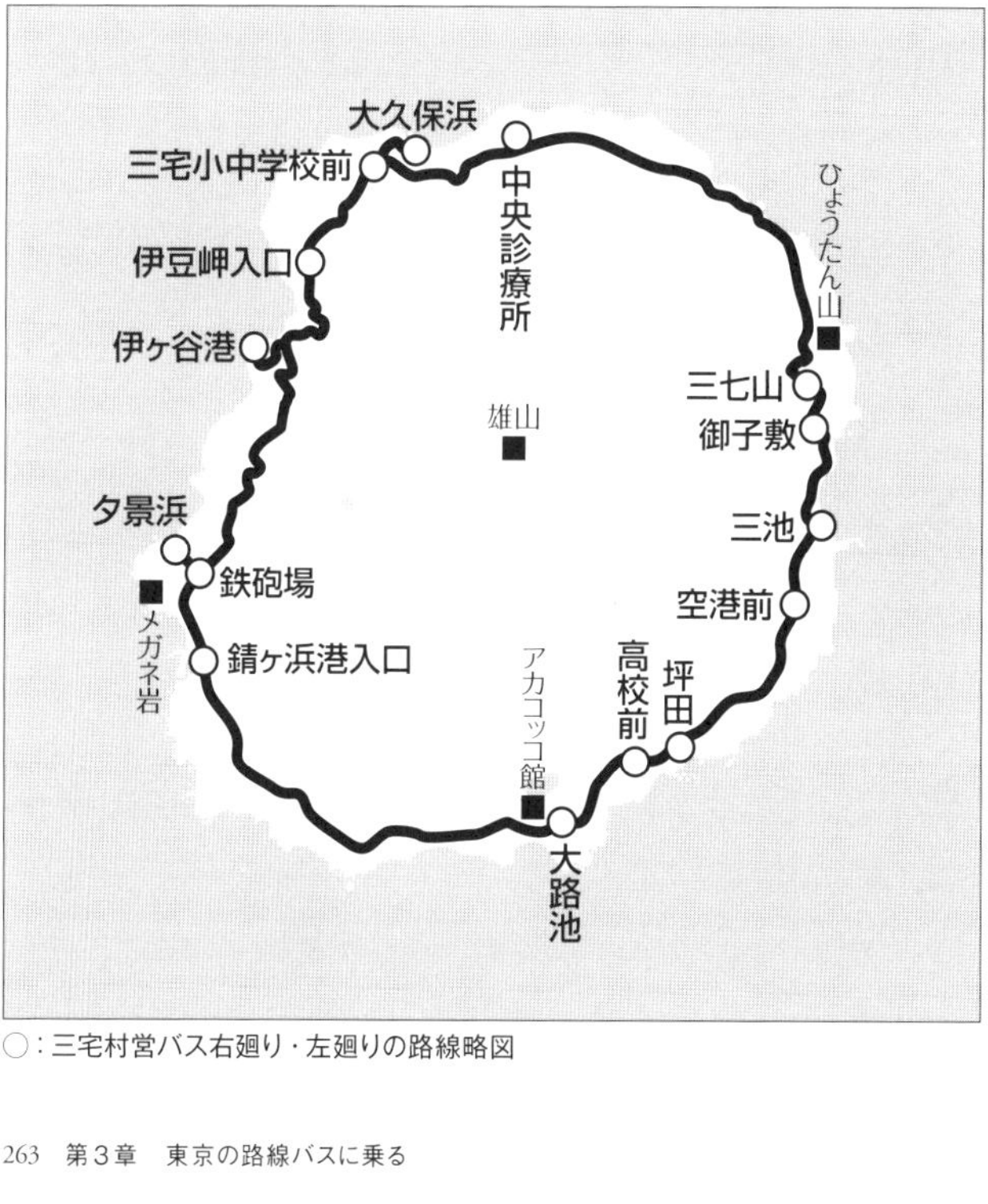

○:三宅村営バス右廻り・左廻りの路線略図

加藤 佳一（かとう・よしかず）

1963年東京都出身。東京写真専門学校卒業。1986年にバス専門誌『バスジャパン』を創刊。1993年から『BJハンドブックシリーズ』を刊行するなど、多数のバス書籍の編集に携わる、バス書籍の第一人者。著書に『ローカル路線バス終点への旅』、『そうだったのか、都バス』、『都バスで行く東京散歩』、『つばめマークのバスが行く』、『バスで旅を創る!』など多数。

東京の路線バスのすべて

2017年5月12日　初版第1刷発行

著者——加藤佳一
発行者—滝口直樹
発行所—株式会社マイナビ出版
〒101-0003 東京都千代田区一ツ橋2-6-3 一ツ橋ビル 2F
TEL　0480-38-6872（注文専用ダイヤル）
03-3556-2731（販売部）
03-3556-2736（編集部）
e-mail　pc-books@mynavi.jp
URL　http://book.mynavi.jp

デザイン——吉村朋子
撮影———土屋久美子（表紙）/加藤佳一
編集———国領雄二郎（マイナビ出版）
DTP ———園田省吾/岩井浩之（マイナビ出版）
校閲———株式会社 誠勝
印刷製本—株式会社ルナテック

参考文献——各事業者提供資料・社史・局史
BJハンドブックシリーズ各巻歴史編（鈴木文彦著）

ISBN978-4-8399-5850-3 C0265
Printed in Japan